つまずき解消！ クイック水泳上達法

みんなで泳げる！　誰でも泳げる！

牧野 満【編著】

水慣れ遊びから着衣泳まで55

いかだ社

はじめに

私が子どもの頃の1970年代、クラスには横泳ぎで泳ぐ子どもがいました。家の人に教えてもらったのでしょう。担任の先生がみんなの前で泳がせてからは「横泳ぎの某」と呼ばれ、いつも得意気に泳いでいました。スイミングスクールがまだ普及していなかった頃のお話です。

日本には古くから日本泳法と呼ばれる水泳指導の体系があります。海や川など自然の条件に合った泳ぎが日本人の泳ぎとして定着していました。かつては学習指導要領にも登場し、横泳ぎや抜き手なども授業で扱われていました。

ところが、1950年頃から全国の学校にプールが設置されるようになると、指導内容も競泳中心の水泳指導となりました。バタ足指導に象徴されるように、速く泳ぐことを目指す競泳に学習内容も狭められてきました。それに伴い、泳げない子どもが生じ、本書で紹介する「ドル平《ひら》」が生まれるきっかけとなったのでした。

水泳は競泳だけではありません。先に挙げた日本泳法もありますし、シンクロナイズドスイミング、近年では安全教育としての着衣泳も注目されています。このような学習を幼年期や小学校段階から経験することは可能です。

本書に登場する教材は、各地の学校で実際に実践されたドル平泳法による水泳の授業で行われたものです。ドル平指導は、競泳だけにとらわれない水泳の世界（私たちはこれを「水辺《すいへん》文化《ぶんか》」と呼んでいます）を実現しようとするものです。泳ぎの得意な子どもも苦手な子どもも一緒に学習する中で、水泳の豊かな世界を体験してくれることを願っています。

牧野 満

本書の構成

本書は、発達段階別に教材を配列しています。学校の条件に合わせ、以下の流れを参考に学習を進めてください。

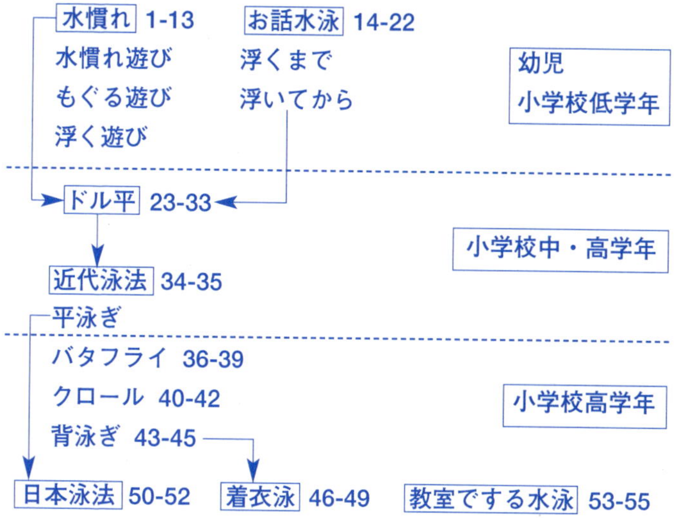

☆幼児・小学校低学年(呼吸と水中での多様な身体操作)

浮けたからといってすぐに泳ぎの完成を目指すのではなく、浮く・潜るなどの経験を増やします。水慣れ→ドル平、お話水泳→ドル平へ2つの流れが考えられますが、各校の計画や施設の条件に即して合う方を選んでください。お話水泳の中に浮く遊びを挟んで行っても効果的です。（浮くまでのお話水泳→浮く遊び→浮いてからのお話水泳）

☆小学校中・高学年（リラックスして長い距離を泳ぐ)

ドル平でリラックスして泳げるようになることを目的とします。呼吸のタイミングが分かると、ドル平で泳げる距離が飛躍的に伸びます。ドル平と平泳ぎは泳ぎ方が似ているため、平泳ぎの習熟も可能です。

☆小学校高学年（近代泳法の獲得と水辺文化との出会い)

近代泳法（競泳）の獲得と共に、その延長として日本泳法や着衣泳を経験します。また、教室でする水泳では、水泳の歴史を学び、水辺《すいへん》文化《ぶんか》に目を向けます。

目次

近代泳法

着衣泳

日本泳法

教室でする水泳

解説ドル平とは

本書で紹介する「ドル平《ひら》泳法」（→30）とは、学校体育研究同志会という民間教育研究団体が、子どものつまずきが息つぎにあることに注目し、研究を重ね創りあげた泳法です。手の動きは平泳ぎのかき方、足の動きはドルフィンキックに似ているところから、子どもによって「ドル平」と名づけられました。ここでは「ドル平」とはどのような泳ぎなのかをまず紹介したいと思います。

ドル平の原理

水の中で力をぬくと足は沈みますが、体はやがて頭や背中にかけて浮いてきます。これは体内に空気が入っていることや水から浮力を得ていることによるものです。

●息こらえで浮く

ドル平の呼吸法では、水中では吐かずに息こらえをして、空気を体内にためておきます。すると、体は浮いて、肩や背中が水面に出てきます。体に空気をためている限り、浮き袋を持っているように浮いてくるという理解は、子どもにとってもわかりやすいことです。

●アゴを引くと浮く

アゴを引くことによって、頭が水の中に沈みます。頭の沈んだ体積分の浮力が水から得られるので、体が浮いてきます。反対に、頭を上げると体が沈んできます。

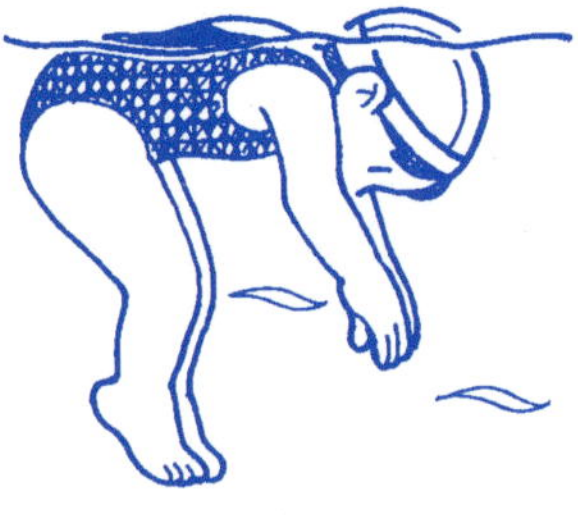

クラゲ浮き（10）

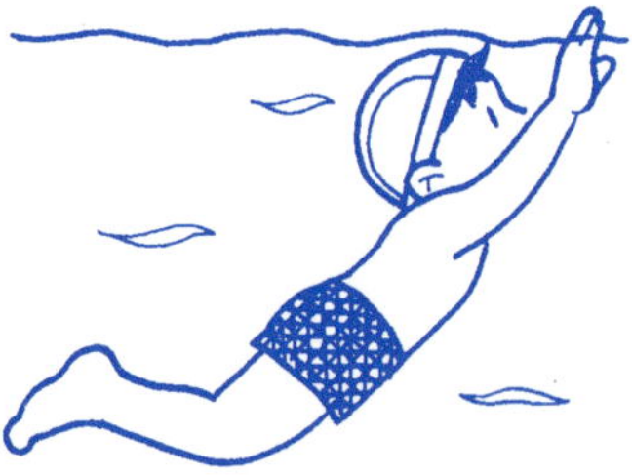

スーパーマン浮き（11）

●息をまとめて「パッ」と吐く

水中で息こらえをした後は、水上で息をまとめて「パッ」と吐きます。強く吐けば吐くほど空気が体に入ってきます。水上で「パッ」と吐いて、その反動で「ハッ」と一気に吸います。「パッ（ハッ）」がドル平の息つぎとなります。

●手で水を押さえる

息つぎと同時に手をかきますが、平泳ぎのかきと違い、目の前にある水を両手で軽く押さえる感じでかきます。

●足を「トーントーン」と2回打つ（→29ドル平のキック）

アゴを上げると、頚反射という反射の仕組みで膝が少しゆるみます。それを利用して「トーントーン」と両足をそろえて軽く2回打つと、体が浮いてきます。はじめのうちは進むというよりは浮くためのキックと捉えます。

●ドル平のリズム

以上のことを連続して行います。ゆっくりした「トーン・トーン・スー・パッ」または「けってー・けってー・のびてー・パッ」というリズムで泳ぎます。

ペアで泳ぐ

水泳は個人スポーツですが、ドル平指導ではグループやペア（2人組）で泳ぐことを大切にしています。グループ内にペア（「泳げる子」と「泳げない子」）を組んで、一方が泳いでいる時、片方はリズムの声かけをします。絶えずペアの友だちの動きを観察しながら声かけをしているので、友だちの泳ぎを見て泳ぎが上達することもあります。

※本書では、2人組（ペア）で泳ぐことを想定しています。【声かけ】と書いているのはペアの子どもがかけるリズムのことを指します。

ドル平指導が大切にしていること

系統的な指導

●水遊びからドル平へ

ドル平までの学習では、水遊びを通して水に親しむと共に、泳げるようになるために必要な呼吸の仕方を学習します。もぐる遊びや浮く遊び、お話水泳などを通して、呼吸のタイミングを覚えます。

(　)は教材の番号

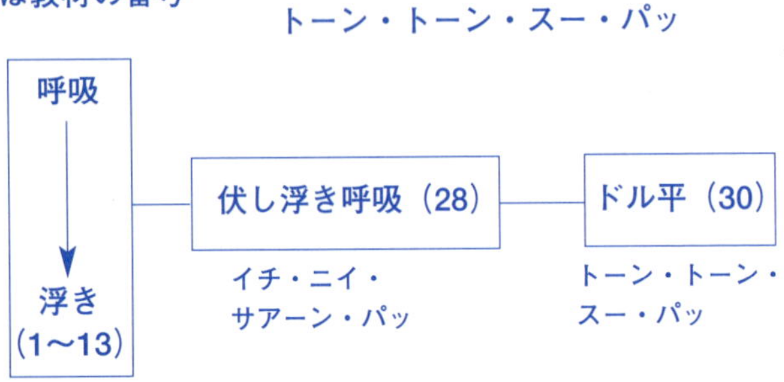

●ドル平から近代泳法へ

ドル平から近代泳法への発展は以下のようになります。ドル平のリズムを変えていくことにより、近代泳法が完成されます。

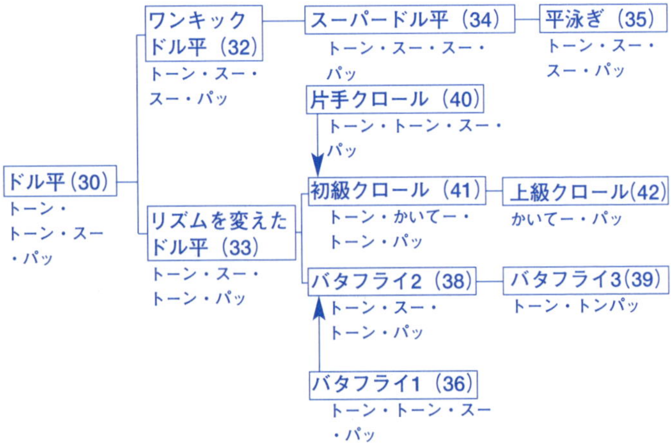

グループで教え合い学び合うこと

水泳では、泳力による能力別グループ指導が多く行われてきました。しかし、「泳げる子」「泳げない子」が混ざったグループで学び合う学習（異質集団学習）の方が泳げるようになることが、数々のドル平実践で確かめられてきています。それは、多様な泳力の子どもたちがリズムの声かけをしながらお互いに観察し、教え合うことで、子どもの技術認識が深められるからです。

このような学習を通して、「大切なポイントさえわかれば誰だって泳げるようになっていくのだ」ということがわかり、子どもの能力観をも変えていくことができます。友だちが泳げた事実をみんなで喜び合う学習集団に高めていくことも可能なのです。

水泳の世界を広げること

学校で扱われる水泳の内容は近代泳法に限定されたものですが、日本には昔から日本泳法という水泳の体系があります。家の人へのインタビュー（55）をすると、その存在に気づくことができます。日本泳法は自然の条件に即して生まれた泳ぎなので、常に視界を確保しながら泳ぐことができます。実際に泳いでみることで、その有効性を確かめさせたいと思います。本書では平泳ぎの学習の延長として設定してあります（50-52）。

また、速さ追求のために近代泳法が生まれたのですが、背泳ぎは人命救助の泳ぎとして成立した歴史があります。近年、水からの安全ということで着衣泳（46-49）が注目されていますが、単なる体験に終わるのではなく、背泳ぎの学習の延長として着衣泳を位置づけたいと思います。

これらの経験が、近代泳法（競泳）だけでない水泳の世界を広げることにつながると考えます。

1 呼吸のしかた

対象年齢
幼児・低学年

ねらい

●口だけで呼吸ができるように、息の止め方・吐き方の基本を身につける。

やり方・ルール

口だけで呼吸をする

①プールサイドでペアになり、向き合ってすわる。
②鼻をつまんで、口だけを使った深呼吸をする（大きく「吐く・吸う」ができるようにする）。
③手を使わずに、口だけの呼吸ができているか確かめる。

リズムをつけてやってみる

【声かけ】

「イチ・ニイ・サアーン・パッ」
①「イチ・ニイ」→息を止めおへそを見ておく。
②「サアーン」→ゆっくりアゴを上げて顔をおこす。
③「パッ」→息をまとめて吐くようにする。
④これをくり返し、10回以上できるようにする。

指導のPoint

☆泳いでいる競泳選手の水中での様子を見ると、鼻から息を出しているのがよくわかる。しかし、口から吸って水中で鼻から吐くというのは、非日常の呼吸で、初心者の子どもにとっては大変難しいことである。水中で吐くことを強調するために、呼吸でつまずく子どもも少なくない。そこで、まずは口から吸って水上で一気に吐くという呼吸法をここでは教える。

口だけで呼吸をする

吐く・吸う

吸ってー
吐いてー

吐く・吸う

吸ってー
吐いてー

リズムをつけてやってみる

①イチ・ニイ

アゴを引いて
おへそを見る

イチ・ニイ

②サアーン

ゆっくりアゴを
上げる

サアーン

③パッ

パッ

パッ
パッ
パッ

まとめてパッと吐く

2 シャワー遊び

対象年齢
幼児・低学年

水慣れ

ねらい

●シャワーの中で、目をあけることや、息を止めたり吐いたりできるようにする。

やり方・ルール

じょうろ遊び

①２人組になって、ジャンケンをする。勝った方が、友だちの額の上にじょうろで少しずつ水をかける。
②水をかけられる人は、下を向かず、前の方を向いてやる。
③水をかけられた人は、顔をおこして「パッ」と息を吐き、水を吹きとばす。

シャワーで息つぎ

①シャワーの下で、水を浴びながら息つぎをする。頭の後ろからシャワーを浴び、「パッ」と息を吐く。
②今度は、顔の方からシャワーを浴びて息をする。「パッ」と吐いたら、はやく口をとじる。

シャワー呪文

①両手を合わせ、何か呪文を唱えながら、最後に「パッ」と息を吐く。
※「パッ」と同時に目をあけさせれば、水をいやがる子どもでも、そのうち挑戦するようになる。

指導のPoint

☆頭から水をかけられると、目や鼻や口を流れるのですぐ手でふこうとする子どもがいる。息を「パッ」と吐けば、水が気にならなくなることをわからせる。

じょうろ遊び

シャワーで息つぎ

①息をするときは顔をおこす

②息を吐いたらすぐに口をとじよう

シャワー呪文

3 水入れ 水かけっこ遊び

対象年齢
幼児・低学年

ねらい

●顔や頭に水がかかったとき、息を止め、まとめて「パッ」と吐くことを遊びの中で覚える。

やり方・ルール

水入れ遊び

①水をためるボウルのようなものを指導者が頭の上にのせ、プールの中央に立つ。

②１グループ（10人）がその周りを囲んで立ち、合図と同時にボウルに水を入れる。水が顔にかかったら、「パッ」と息を吐くようにする。

水かけっこ遊び

①コースロープをプールのまん中に張り、「はじめ」の合図で、グループ（５～６人）対抗で水のかけあいをする。

②このときも、水が顔にかかったら、「パッ」と息を吐くようにする。

指導のPoint

☆顔に水がかかったとき、できるだけ手でぬぐわずに「パッ」と吐くよう指示する。息を吐いて、吸う練習を遊びを通して覚える。

☆水入れ遊びをグループ対抗で早くためる競争にする。夢中で水をボウルに入れようとしているうちに、自然と水が顔にかかり、呼吸の回数も増えていく。

水入れ遊び

「はじめ」の合図で水入れ開始

水かけっこ遊び

「はじめ」の合図で水かけっこ

4 洗たく機

対象年齢
幼児・低学年

（発展→48・52）

ねらい

●流れる水の方向や逆方向の水の抵抗を感じながら、歩いたり走ったり浮いたりすることができる。

やり方・ルール

洗たく機

①学年・学級全員でプールの壁の横に立つ。進行方向（右か左）に全員が向く。
②前の人の肩に両手をおいて、ゆっくり歩く。
③だんだん水の流れができてきたら速く歩き、流れに沿って浮いてみる。
④今度は、笛の合図で逆方向を指示し、水の流れに逆行して歩いて流れを変え、③と同じようにする。

ジャンケン列車からの洗たく機

①近くの人とジャンケンをして、負けた人は勝った人の後ろに行き、肩に両手をおく。
②次々にジャンケンをして列車をつくる。
③最後に１列になったら、プールを１周する。

指導のPoint

☆洗たく機は、水に流されたり水の流れを受け止めたりすることで、水の性質を感じ取らせる遊びである。
☆慣れてきたら、ペアやグループの友だちと手をつないだり１人で行ったりしてみる。それにより水への恐怖心が徐々に取り除かれていく。
☆できるだけ肩まで水につけさせ、水の流れが速くなったら足を曲げて体を「フワッ」と浮かせてみる。
☆呼吸は肩を上げずにアゴを上げ、「パッ」と息をまとめて吐くようにする。

洗たく機

前の人の肩を持って
流れをつくる

向きを変えて

今度は逆向き

ジャンケン列車からの洗たく機

5 もぐりっこ遊び

対象年齢
幼児・低学年

ねらい

●息を止め水にもぐることによって、水中での位置感覚や水圧、浮く感じをつかむ。

やり方・ルール

【声かけ】

「(息を) 吸ってー・吐いてー・吸ってー (ドボーン)」
※水面に顔が出たら、「パッ」でまとめて息を吐く。

プールの底にタッチ

●プールの底に手がつくようにもぐってみる。
●おしりをプールの底につけてみる。
●体全体をプールの底につけられるかやってみる。

水中で名前を言う

水中ジャンケン

指導のPoint

☆息をいっぱい吸っているので、浮力によってプールの底になかなかつかない。「もぐる」という指示を出すことによって、浮く感覚をつかませる。
☆水中で少しずつ息を吐くことにより、沈んでいく感じもつかませるようにさせる。
☆水中で目を開けることは、自分の体がどうなっているかを把握する上で大切である。しかし、水の中で目が開けられない子に対しては、無理に目を開けさせようとするのではなく、ゴーグルをぜひ着用させたい。

プールの底にタッチ

手でタッチ

手と足でタッチ

おしりでタッチ

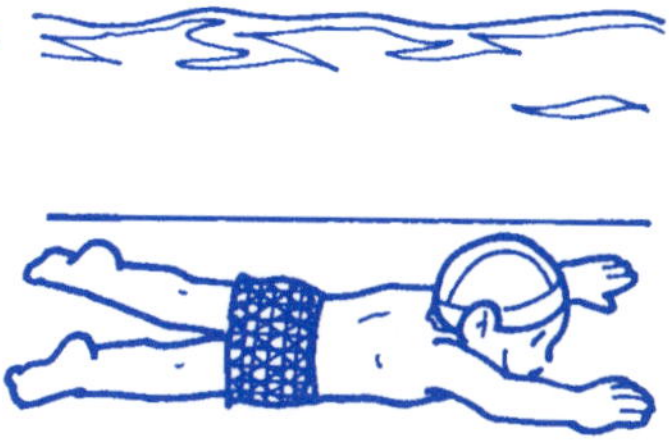

体全体でタッチ

水中で名前を言う

ぼくの名前は
○○○○です
パッ

水中ジャンケン

3回
勝負だ
ジャン ケン ポン

6 水中シーソー

対象年齢
幼児・低学年

ねらい

●水の中で息を止め、顔を上げて呼吸するリズムを身につける。

やり方・ルール

【声かけ】
「イチ・ニイ・サアーン・パッ」

①ペアになり、向かい合って両手をにぎり合う。
②1人がもぐる。もう1人が「イチ・ニイ・サアーン」と声をかける。
③もぐっている人は「サアーン」でゆっくり顔を上げる。
④「パッ」でまとめて息を吐く。
⑤今度は、交代して②～④をくり返す。
10回ぐらい連続してできるようにする。

指導のPoint

☆顔を上げるときはゆっくりと上げ、アゴが水面に出てきたら、ペアを見て「パッ」と息をまとめて吐く。そのとき、水面から顔を上げすぎないようにする。
☆ゆっくりしたアゴの上下の動きを引き出すために、リズムは「サァーン」ではなく「サアーン」と声かけをする。
☆ペアで学習を進めることは、水泳の授業では大変効果的である。手をにぎることで水中での恐怖心が取り除かれるし、ペアが手を差し出すことで泳ぐときの目標になるからである。ペアを固定して学習を進めていく中で、相手に合わせたリズムで声かけができるようになっていく。

①

②息を止める

③

④顔を上げすぎないようにする

7 輪くぐり トンネルごっこ

対象年齢
幼児・低学年

水慣れ

ねらい

●水の中にもぐって息を止めたり、アゴを上げて水面上で息つぎができる。

やり方・ルール

輪くぐり

①しゃがんで、下から輪をくぐって立ったり、もぐって下から輪をくぐる。

②水に浮いている輪を上から下にくぐりぬけたり、水の中の輪をくぐる。

トンネルごっこ

①プールの底に手をついてアザラシさんになり、友だちの脚の間をくぐる。（浅いプールの場合）

②人間トンネル（2人組になってトンネルをつくる）で、「もぐって、浮いて、息つぎ」をくり返す。

※2人組の間隔は2mずつぐらいあけておく。

指導のPoint

☆もぐるときは、アゴを引き、おへその方を見る。息つぎをするときは、アゴを上げすぎないように注意する。

☆息つぎをするときは、ゆっくりと両手で水を押さえ、水面に顔が出たら、「パッ」と息をまとめて吐くようにする。

輪くぐり

①下から輪に入る

②上から輪に入る

トンネルごっこ

①

②

8 お宝さがし

対象年齢
幼児・低学年

ねらい

●水の中にもぐって息を止め、目標物に向かって自由に体を動かすことができる。

やり方・ルール

①プール用のゴムのダイヤモンドや、色のついた石ころをプールの底にバラまく。
②グループ（5〜6人）対抗や学級対抗でゲームをする。笛の合図で始める。一定の時間を決めて、拾った数の多いグループや学級の勝ちとする。
③②の発展として、拾う石の色の指定をしたり、「○○個とってきなさい」と指示したゲームもおもしろい。

指導のPoint

☆「お宝さがし」は子どもには人気のある水遊びである。もぐってお宝を取ることで、水の深さを感じ取ることができ、水への恐怖心が取り除かれる。
☆水面から顔が出たら、「パッ」と息をまとめて吐くことを忘れないようにする。

用意するもの●ゴムのダイヤモンド（プール用）
ゴムホースを5㎝ぐらいの長さに切って代用することもできる。

先生
見つけたよー

9 発明浮き

対象年齢
幼児・低学年

ねらい

●いろんな水中でのポーズを考え出す中で、腰が浮く浮き方や沈む浮き方があることがわかる。

やり方・ルール

【声かけ】
「(息を) 吸ってー・吐いてー・吸ってー (ドボーン)」
「イチ・ニイ・サアーン・パッ」

①グループ (5～6人) で、いろんな浮き方を考え命名する。
②実際にできるかどうかグループで試してみる。
※水面から顔が出たら「パッ」と息をまとめて吐く。
③背中や腰が浮く浮き方と、腰が沈む浮き方に分ける。

指導のPoint

☆「浮く遊び」では、体の使い方で浮いたり沈んだりすることを、遊びを通して学習していく。「発明浮き」では、いろんな浮き方を考え命名する。その中で、どの浮き方で背中や腰が浮いているのか、反対に沈む浮き方になるのか分類する。
○浮きやすい浮き方の代表として→クラゲ浮き (→10)
○沈む浮き方の代表として→スーパーマン浮き (→11)
を取り上げる。
☆アゴの動作、力の入れと抜き、体の形で浮きがどのように変化するのかを遊びを通して理解させる。
☆「変身浮き」(→12) では、「発明浮き」を連続して行い、多様な身体操作を水中で自由に行えることを目指す。

発明浮きの例

忍者浮き

おがみ浮き

スーパーマン浮き

ダルマ浮き

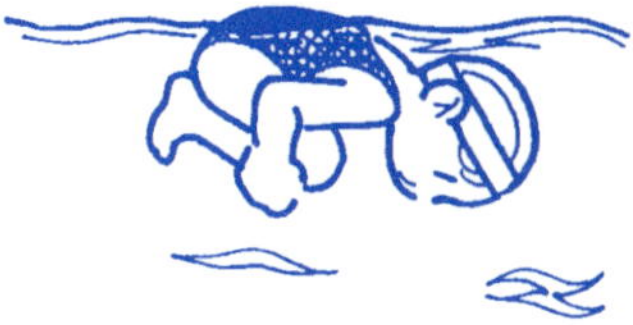

ラッコ浮き

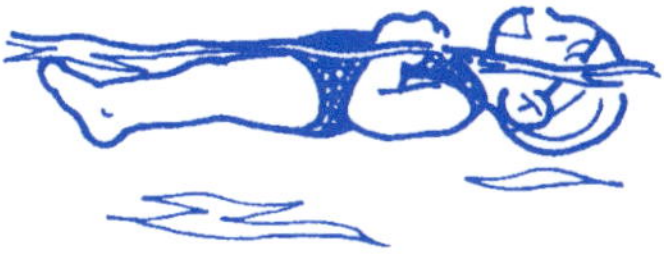

クラゲ浮き

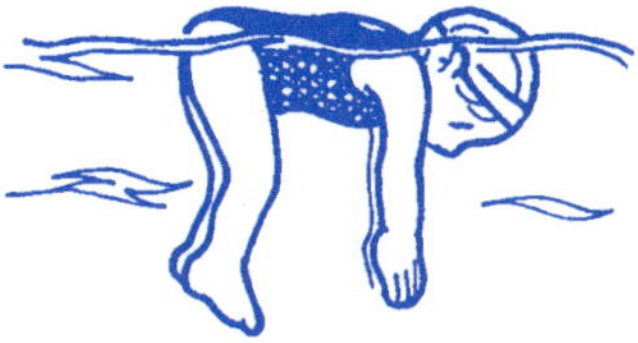

ヒトデ

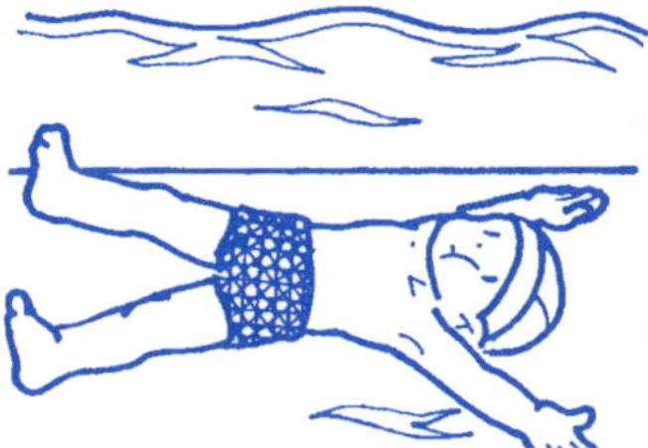

大の字浮き

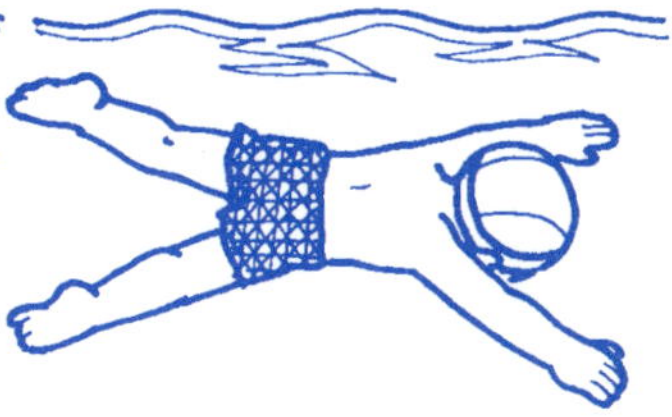

☆発明浮きを分類する

腰まで浮く浮き方	腰が沈む浮き方
・クラゲ浮き ・大の字浮き ・ダルマ浮き ⋮	・スーパーマン浮き ・ヒトデ ・忍者浮き ⋮

10 クラゲ浮き

対象年齢
幼児・低学年

水慣れ

ねらい

●全身の力をぬいたクラゲ浮きができる。
●アゴを引いて力をぬくと、腰が浮き上がってくることがわかる。

やり方・ルール

【声かけ】
「(息を) 吸ってー・吐いてー・吸ってー (ドボーン)」
「クラゲー・イチ・ニイ・サアーン (パッ)」

①肩まで水につかり、「ドボーン」で首の力をぬいてもぐる。
②「イチ・ニイ・サアーン」でクラゲ浮きをする。
　●体を水中に沈め、両腕・両足の力をだらりとぬいてぶら下げる。
　●アゴを少し引くと、背中から腰あたりまでが水面に浮かんでくる。(ペアにしっかり観察させる)
　●全身の力をぬき、体を水にまかせる。
③背中が水面に見えたら、ペアは背中を軽くタッチする。
④足を着いて立ち、「パッ」でまとめて息を吐く。

指導のPoint

☆アゴを引き、脱力することによって、体が浮いてくること (肩や背中が水面に浮いてくること) をペアで観察し合う。
☆水中での位置感覚 (水面やプールの底に対して自分の体がどこにあるかがわかること) を育てたい。
☆浮いてくると、水面の位置が肩や背中にあることを感じ取らせる。(「タッチ」が息つぎのタイミング)

①

②

③

④

11 スーパーマン浮き

対象年齢
幼児・低学年

ねらい

●アゴを上げたり、全身の力を入れると、腰が沈むことがわかる。

やり方・ルール

【声かけ】

「(息を) 吸ってー・吐いてー・吸ってー (ドボーン)」

「スーパーマン・イチ・ニイ・サアーン (パッ)」

①両手を前につき出して用意をする。「ドボーン」で力をぬいてもぐる。

②「イチ・ニイ・サアーン」でスーパーマン浮きをする。

●体を水中に沈め、両手両足をピンとのばす。

●アゴを上げると、腰が沈み、指先が水面に出る。

●全身に力を入れる。

③ペアは肩を軽くタッチする。

④足を着いて立ち、「パッ」でまとめて息を吐く。

指導のPoint

☆クラゲ浮きとは反対に、スーパーマン浮きではアゴを上げ、体を反って力を入れる。腰が沈んで上がってこないことをペアで観察し合う。

☆スーパーマン浮きでは、指先が水面から出ている浮き方になる。ペアを観察することにより、自分の体がどのような形になっているのかを理解することができる。

①

②

③

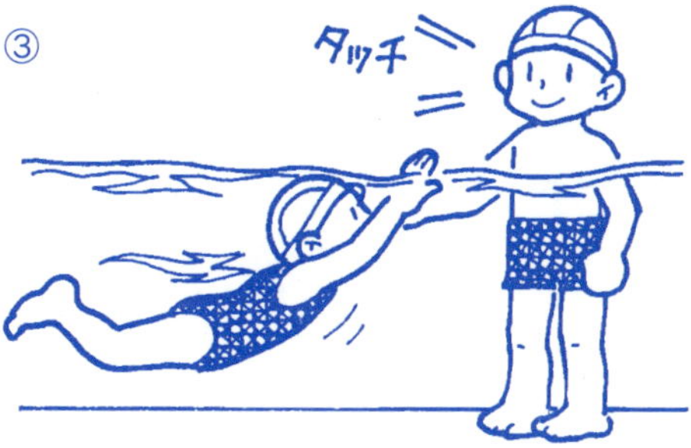

④

12 変身浮き

対象年齢
幼児・低学年

ねらい

●いろいろな浮き方を連続して行うことができる。
●アゴの上下の動きで、体が浮いたり沈んだりすることがわかる。

やり方・ルール

【声かけ】
クラゲ→スーパーマン→クラゲの場合
「クラゲになってー（ドボーン）」
「ヘンシーン・タッチ・スーパーマン」
「ヘンシーン・タッチ・クラゲー」

①体の力をぬいて、クラゲ浮きをする。
②「ヘンシーン・タッチ・スーパーマン」でペアは肩や背中など体の一部にタッチする。
③スーパーマン浮きで、「タッチ」されたらクラゲ浮き。
④クラゲ浮きで、再び「タッチ」。
⑤足を着いて立ち、「パッ」でまとめて息を吐く。

変身浮きバリエーション
●クラゲ→スーパーマン→ダルマ
●クラゲ→スーパーマン→ダルマ→大の字
●ダルマ→大の字→ダルマ→ラッコ
●2人組で考えた連続変身浮きを行う。

指導のPoint

☆クラゲ浮き－スーパーマン浮きを連続して行い、体が浮いたり沈んだりすることを確かめ合う。
☆3連続、4連続と、息こらえで浮く時間を増やしていく。

①クラゲ浮き

クラゲになって
ドボーン

②

ヘンシーン
タッチ
スーパーマン

③スーパーマン浮き

ヘンシーン
タッチ
クラゲ

④クラゲ浮き

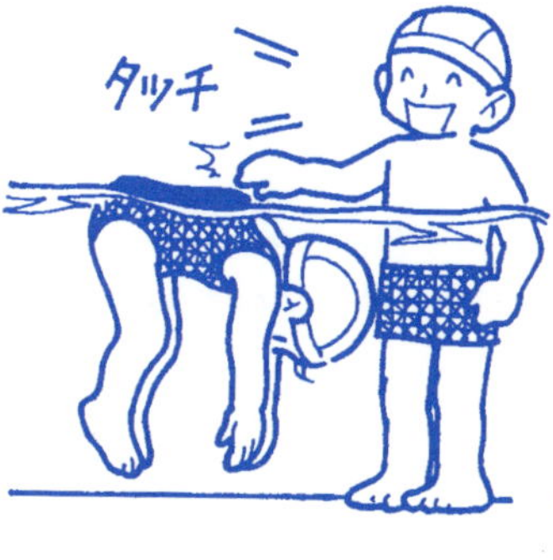
タッチ

⑤タッチされたら立つ

パッ

13 水中花

対象年齢
幼児・低学年

ねらい

●みんなで協力して、息を止めて、連続した変身浮きができる。

やり方・ルール

水中花

①1グループ（5～6人）で、内側を向いて手をつないで大きい円をつくる。（1人は合図をする役）
②手をつないだまま肩までつかり、顔だけ出す。
③「イチ・ニイ・サン」の合図で全員大の字で浮く。
※おへその方を見て息を止める。
④足を着いて立ち、「パッ」でまとめて息を吐く。

変身浮きの連続（グループで）

水中花からの連続変身浮きをグループで行う。

＜例＞

●水中花（大の字浮き）→スーパーマン→クラゲ
●水中花（大の字浮き）→ダルマ→スーパーマン→大の字
●水中花（大の字浮き）→ラッコ→水中花（再び手を持つ）

指導のPoint

☆水中花は大の字浮きの発展として考える。
☆グループごとに発表し、どのグループの水中花が美しいか、息が合っているかなど比べ合いをすることもできる。

手をつないで
ドボーン

イチ。ニィ
サアーン

14 おじぞうさん

対象年齢
幼児・低学年

お話水泳

ねらい

●息を止めて「パッ」と吐く呼吸のリズムを身につける。

やり方・ルール

先生がおじぞうさん

最初は先生がおじぞうさんになってやってみる。

2人でおじぞうさん

【お話】

「おじぞうさんがおりました」
「頭に水がかかったら」
「(パッ) と息を吐きました。あらびっくり！」

①2人が向かい合って、1人が自分の好きな格好のおじぞうさんになる。
②もう1人がリズムよくお話を言って、両手で水をかける。
③おじぞうさんになっている人は、顔に水がかかったらまとめて「パッ」と息を吐き、水を吹き飛ばす。

指導のPoint

☆「先生がおじぞうさん」では、先生に水をかけているが、実は自分にも水がかかっている。夢中になって上に水をかける中で、かかる水の怖さを克服させていく。
☆「お話水泳」では、あるお話から動きをイメージし、お話に従って浮いたり、もぐったり、泳いだりする。1人の子どもがお話水泳をするときに、他の子はリズムをつけてそのお話を言う。子どもは単にリズムを言っているだけでなく、その子どもの動きを観察しているので、技術を分析する力が養われる。

先生がおじぞうさん

2人でおじぞうさん

①

おじぞうさんが
おりました

②

頭に水が
かかったら

③

パッと息を
はきました
あら
びっくり
パッ

15 クマのもぐりっこ

対象年齢
幼児・低学年

ねらい

●水の中で息を止め、お話に合わせて息つぎができる。

やり方・ルール

【お話】
「クマさん（○○まで）もぐって」（パッ）

①ペアになり向かい合って立つ。一方がリズムを言う役、もう一方がお話水泳を行う。
②「クマさんもぐって」では、しゃがんで顔をつける。
※「○○まで」には、口まで、鼻まで、目まで、頭までと水につける部分を徐々に増やしていく。
③「パッ」では、まとめて息を吐く。
④かけ声に合わせて10回程度行う。

指導のPoint

☆お話水泳では、動きをイメージ化しやすいように動物に見立てて行う。
クマ…足がついた状態で行う動き
アザラシ…手だけをついて伏せた状態で行う動き
カバ…伏し浮き状態になる動き
※アザラシのお話水泳は、浅いプールやプールフロアでの学習を想定している。
☆ペアの子どもがリズムよく声かけをすることが大切である。

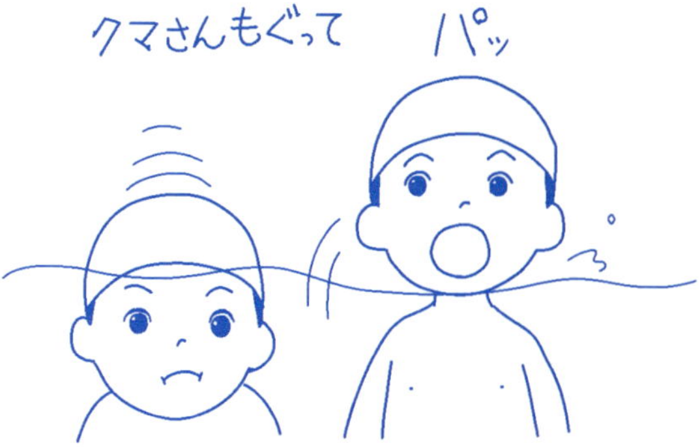
クマさんもぐって
パッ

頭まで
目まで
鼻まで
口まで

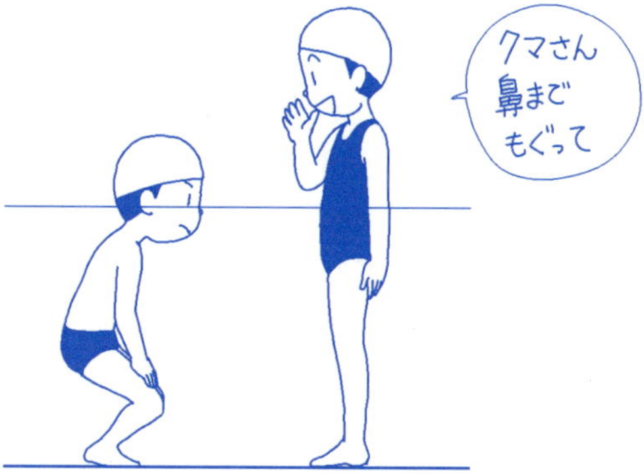
クマさん
鼻まで
もぐって

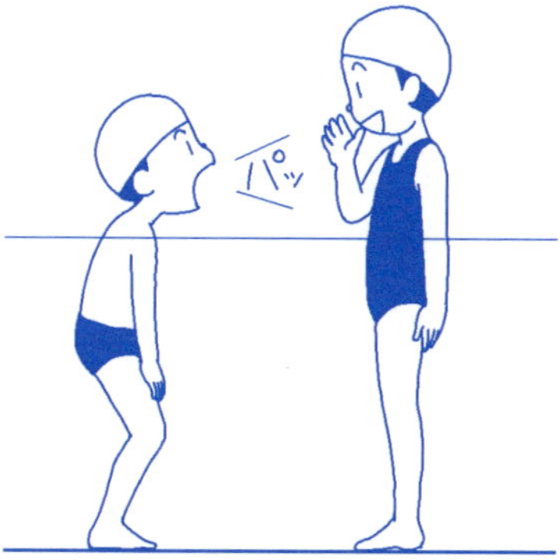
パッ

16 クマのトンネルくぐり

対象年齢
幼児・低学年

ねらい

●水の中にもぐって息を止め、お話に合わせて物をくぐることができる。

やり方・ルール

【お話】
「はじめます」（はいどうぞ）
「クマさん　もぐって」（パッ）
※その場でもぐる
「トンネル1つ　くぐって」（パッ）
※歩いてコースロープをくぐる。

①「クマのトンネルくぐり」のお話を全員で言う。
②グループ（5～6人）に分かれて、お話水泳を始める。
　●お話水泳をする子は「はじめます」と言い、手をあげる。
　●周りの子は「はいどうぞ」と言い、お話を言う。
③慣れてきたら、コースロープの数を増やし、「トンネル2つ目くぐって（パッ）」と連続してやってみる。

指導のPoint

☆プールの深さは胸の辺りが望ましい。怖くてコースロープをくぐれない子どもがいるので、自分で持ち上げられるようにゆるめに張っておく。
☆「はじめます」（はいどうぞ）と言うのがお話の始まりであることを意識づける。グループの全員がお話水泳を行う子どもの方を見て、お話を大きい声でリズムよく言うようにさせる。

はい どうぞ
はじめます
はい どうぞ
1つのグループ
はい どうぞ
うまく もぐれて いるよー
トンネル ひとつ もぐって パッ
1つのグループ
トンネル ふたつくぐって パッ
パッ
1つのグループ

17 クマのさんぽ

対象年齢
幼児・低学年

ねらい

●お話に合わせて歩きながら息つぎができる。

やり方・ルール

【お話】

「はじめます」（はいどうぞ）
「クマさんが　さんぽして」（パッ）
「トンネル1つ　くぐったよ」（パッ）
「まだまだ歩いて行ってたら」（パッ）
「ドボンとしりもちつきました」
「イチ・ニイ・サアーン」（パッ）

コースロープを張り、プールの横を移動する。

①「クマのさんぽ」のお話を全員で言う。
- ●「はじめます」の合図でお話水泳を始める。
- ●お話はリズムよく言う。

②グループ（5～6人）に分かれて、お話水泳を始める。
- ●息はまとめて「パッ」と吐くようにする。
- ●「しりもち」では脚を前に投げ出し体を一気に沈める。

指導のPoint

☆息つぎともぐる動作をお話に合わせて行う。息つぎの後は、顔をふかずに続けてできるようにさせたい。
☆お話を長くして歩くことによって、息つぎの回数を増やすと共に、水中での不安定さに慣れていくことができる。

はじめます（はいどうぞ）　クマさんがさんぽして（パッ）

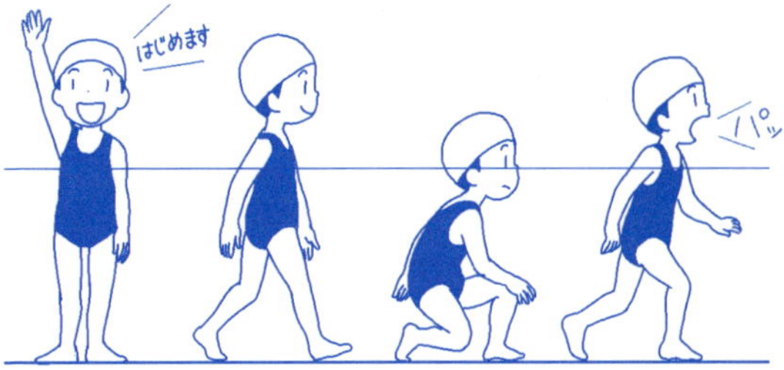

トンネル1つくぐったよ（パッ）まだまだ歩いて行ってたら（パッ）

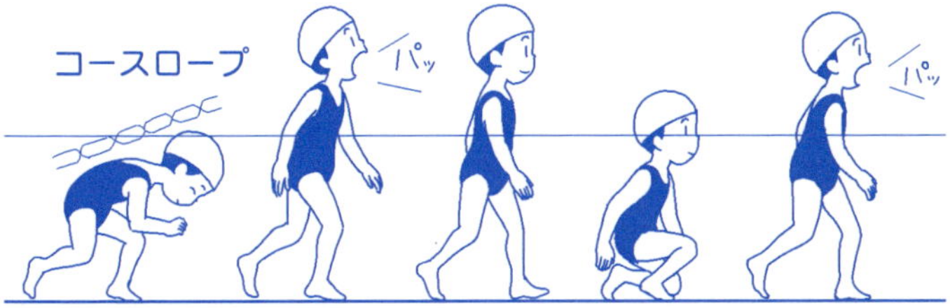

ドボンとしりもちつきました

イチ・ニイ・サアーン（パッ）

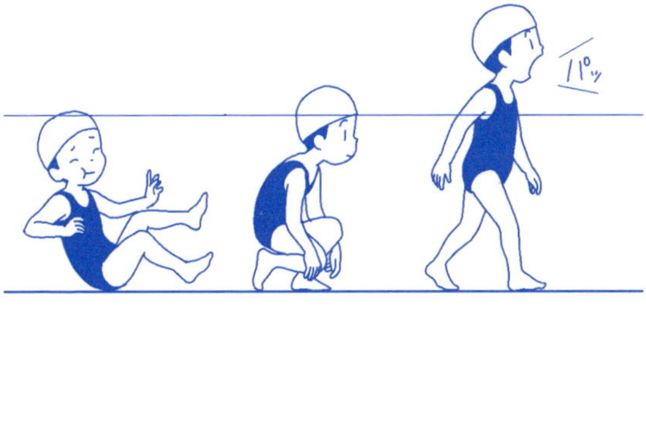

18 アザラシのさんぽ①

対象年齢
幼児・低学年

ねらい

●水平の姿勢になり、動物歩きで移動できる。

やり方・ルール

【お話1】

「はじめます」（はいどうぞ）
「アザラシさんが　さんぽして」（パッ）
「プールのはしまで行きました」（パッ）
※手をついて伏せた状態で前に歩く。顔を水につけないで、リズムに合わせて息つぎをする。

【お話2】

「はじめます」（はいどうぞ）
「アザラシさんが　さんぽして」（パッ）
「ともだちいないかのぞいたよ」（パッ）
※今度は顔を水につけて、リズムに合わせて息つぎをする。

指導のPoint

☆このお話水泳では、浅いプール（手をついて顔が出るぐらいの水位）か、プールフロアが必要である。
☆「アザラシ」の歩行は、水中での水平姿勢の感覚をつかむのに大変有効である。アザラシで歩く中で、手にかかる体重を軽減しながら、浮くことに徐々に慣れていく。手をついたり離したりしながら、ふわっと浮く感覚を身につけさせたい。

お話1

はじめます　　アザラシさんが　　さんぽして（パッ）
プールのはしまで　行きました（パッ）

お話2

はじめます　　アザラシさんが　　さんぽして（パッ）

ともだちいないかのぞいたよ　（パッ）

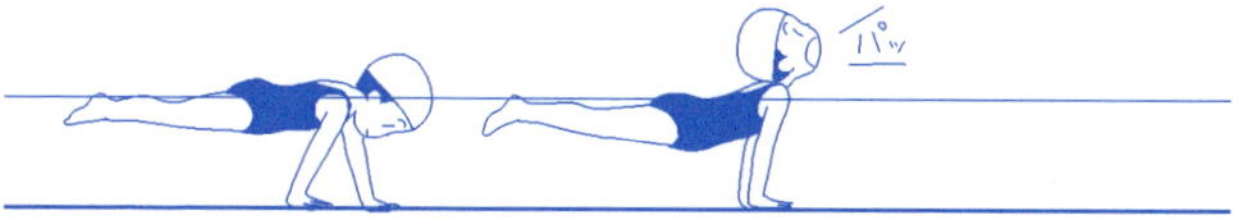

19 アザラシのさんぽ ②

対象年齢
幼児・低学年

ねらい

●水平の姿勢になり、お話に合わせて息つぎができる。

やり方・ルール

【お話】

「はじめます」（はいどうぞ）
「アザラシさんが　さんぽして」（パッ）
「こんにちは」（パッ）　「こんにちは」（パッ）
「カバさんに会いました」（パッ）
「ドボンとしりもちつきました」

①「アザラシのさんぽ2」のお話を全員で声を出して言う。
②グループ（5～6人）に分かれて、お話水泳を始める。
●「こんにちは」では、いったん止まって顔をつける。
●アゴの上下動で息つぎができるようにする。
●「カバさんに会いました」では、手を一瞬離して前に伸ばし、体を浮かせてみる。

指導のPoint

☆「こんにちは」は、首の力をぬいて行うようにする。アゴを上下に動かしての息つぎは、ドル平や近代泳法の学習でも大切になる動きなので正確に行わせたい。

はじめます　　アザラシさんが　　さんぽして（パッ）

こんにちは　（パッ）　こんにちは　（パッ）

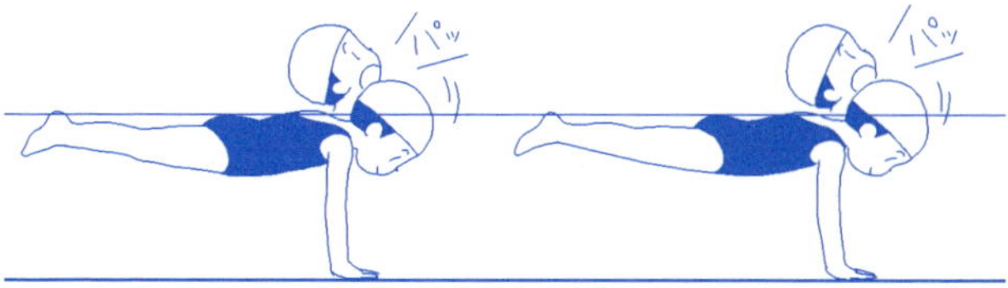

カバさんに会いました　　（パッ）

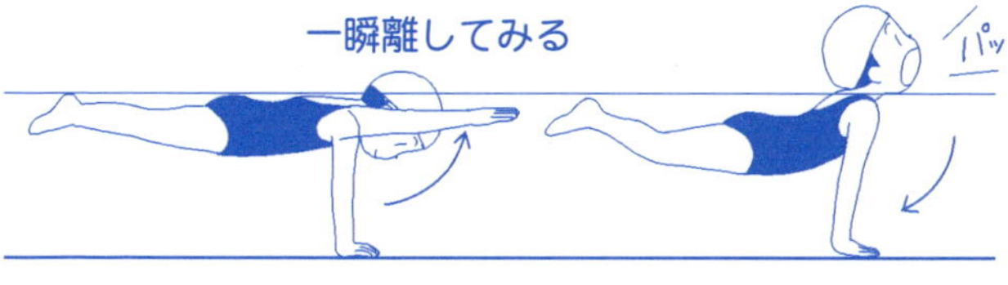

ドボンとしりもちつきました

20 アザラシの変身

対象年齢
幼児・低学年

ねらい

●水平の姿勢から伏し浮きができる。

やり方・ルール

【お話】
「アザラシさーん」
「へんしーん」
「カバさーん」
「イチ・ニイ・サアーン」（パッ）

①両手をついて「アザラシ」になる。
②「へんしーん」では、手を離して腕を前に伸ばし、耳の横につける。
③「カバさーん」では、体の力をぬいて伏し浮きになり、「イチ・ニイ・サアーン」の間は力をぬいて浮く。
④「パッ」で手をついて体を支え、息をまとめて吐く。

指導のPoint

☆「アザラシの変身」では、浮くのが怖いと思えばすぐに両手をつくことができる。腕を伸ばして浮いたり、手をついたりする中で、浮くことに安心して挑戦できる。
☆浮くことに慣れてきたら、「カバさーん」で浮いている時間を長くしたり、①～④を連続して行う。

①アザラシさん

②アザラシさんの変身

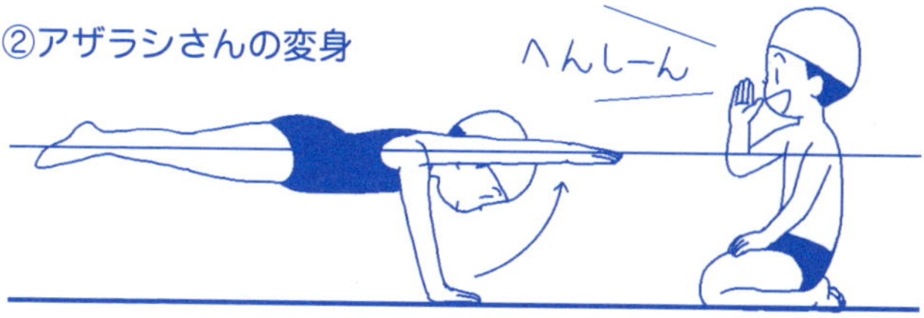

③カバさん

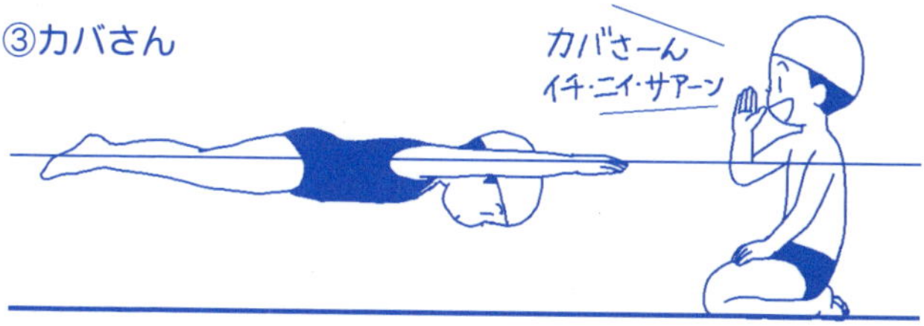

④手をついて「パッ」

21 クマの変身

対象年齢
幼児・低学年

ねらい

●お話のリズムに合わせ、立った状態から伏し浮きができる。

やり方・ルール

【お話】
「クマさーん」「へんしーん」「カバさーん」
「イチ・ニイ・サアーン」(パッ)

①「クマさーん」で両手をあげて変身の準備をする。ペアの人は、両手を差し出し、手のひらを上に向ける。
②「へんしーん」では、水に体を任せて体を伸ばす。
③「カバさーん」では、ペアの手に手のひらを重ね、体の力をぬいて伏し浮きになる。「イチ・ニイ・サアーン」の間は力をぬいて浮く。
④足を曲げて立ち、息をまとめて「パッ」と吐く。
⑤慣れてきたら1人でやってみる。

指導のPoint

☆ペアは手で支える時間を徐々に短くして、最後は1人でできるようにする。
☆立つときは、手で水を下に押さえ、足を曲げて胸の所まで引きつける。

①クマさん

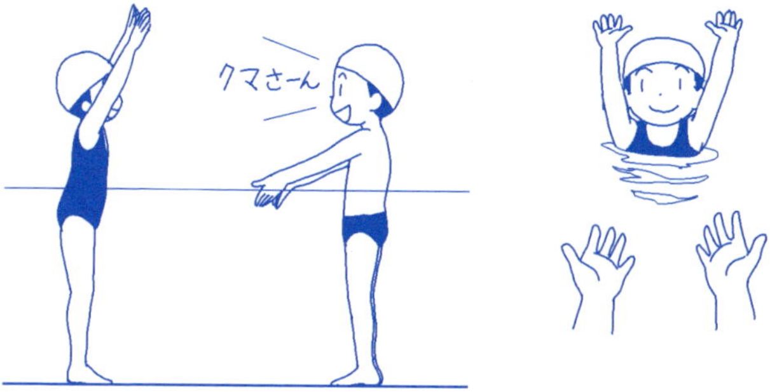

②クマさんの変身

③カバさん

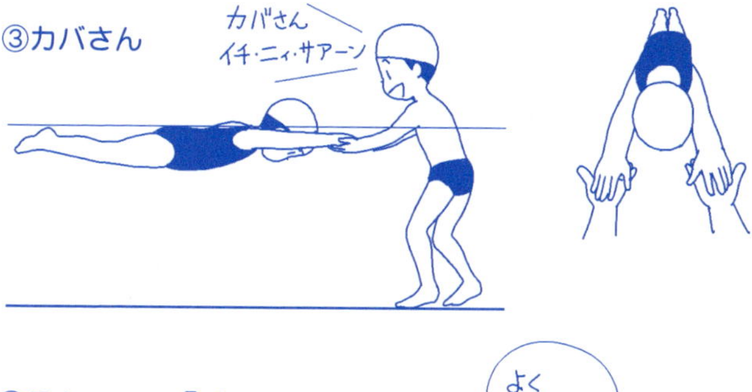

④足をついて「パッ」

22 カバのさんぽ

対象年齢
幼児・低学年

ねらい

●お話に合わせていろいろな浮き方ができる。

やり方・ルール

【お話】
「はじめます」（はいどうぞ）
「カバさんがやってきて　ニュー」（パッ）
「大の字浮きになりました」（パッ）
「へんしーん　ダルマさん」（パッ）
「川に流され　はいゴール」（パッ）

①「カバのさんぽ」のお話を全員で声を出して言う。
②グループ（5～6人）に分かれて、お話水泳を始める。
●「ニュー（パッ）」では、アゴをゆっくり上げて息つぎをする。
※プールの横を使って移動する。

指導のPoint

☆メンバー全員が同時にお話水泳を行い、グループで発表することもできる。
☆挙げたのは一例であるが、いろいろな浮き方を組み合わせてお話をつくることができる。お話をグループでつくったり、演技の構成なども考えたりして、シンクロにつなげることもできる。

はじめます

カバさんがやってきて

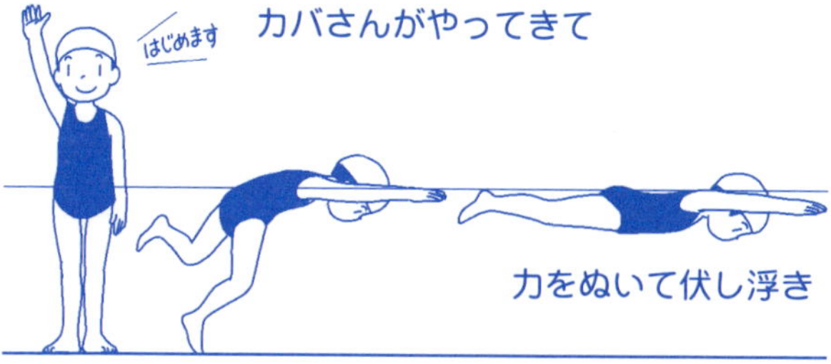

力をぬいて伏し浮き

ニュー　　　　（パッ）

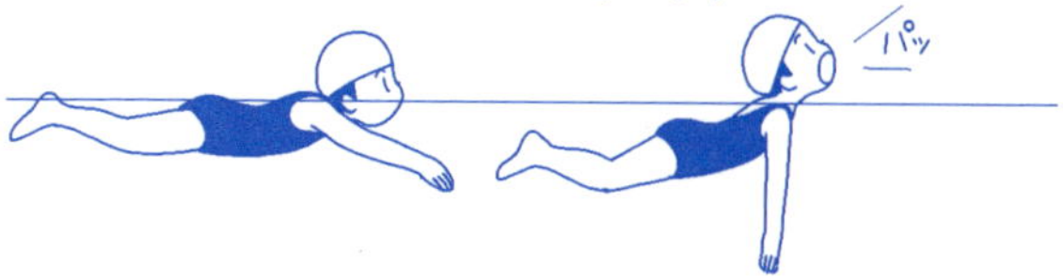

ゆっくりアゴを上げる

大の字浮きになりました　　（パッ）

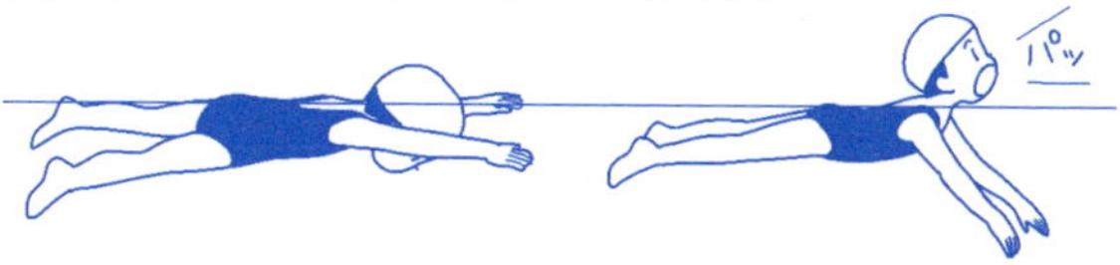

へんしーん　　ダルマさん　（パッ）

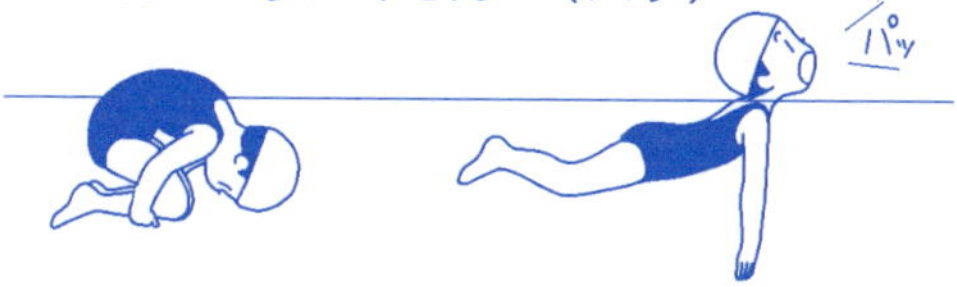

川に流され　　はいゴール　（パッ）

23 顔を水につけて呼吸

対象年齢
中・高学年

ドル平

ねらい

● 顔を水につけて、息つぎの方法を身につける。

やり方・ルール

【声かけ】
「イチ・ニイ・サアーン・パッ・（ポチャン）」

①プールの壁におしりをつけ、しこ立ちの姿勢をとる。「イチ・ニイ」ではアゴを引いて足元を見る。息こらえで待つ（水中で息を吐かない）。
②「サアーン」でアゴを前に出すようにして、ゆっくり顔を上げる。
③「パッ」でまとめて息を吐く。
④「ポチャン」で顔を再び水につける。
⑤①～④を連続して行い、回数を増やしていく。10回を目標にする。

指導のPoint

☆「パッ」と息を吐いたときに、水面上にしぶきがあがっているかどうかペアで観察する。
☆「ポチャン」のときに、ペアは首の後ろをさわって力がぬけているかどうかを確かめる。
☆顔をつけたときに目を開けられない子どもには、ゴーグルを使用すると、水に対する恐怖心を取り除くことができ有効である。

①イチ・ニイ

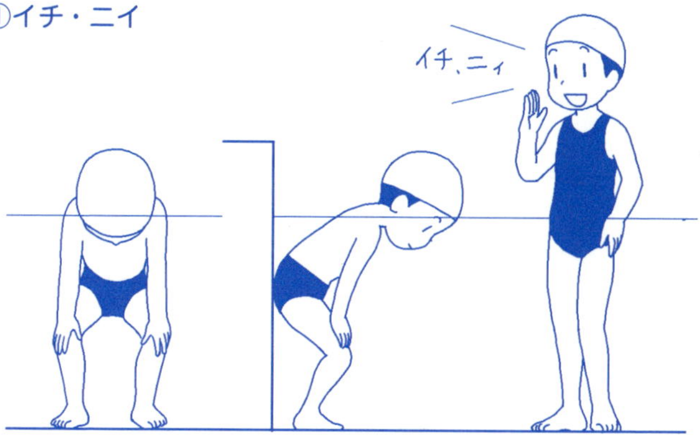

②サアーン

③パッ

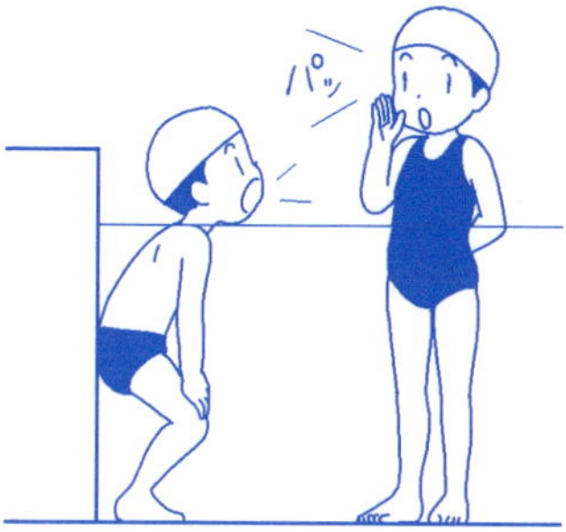

④ポチャン

24 水を押さえて呼吸

対象年齢
中・高学年

ねらい

●腕を水面に浮かべて、手のかきと息つぎのタイミングをつかむ。

やり方・ルール

【声かけ】

「イチ・ニイ・サアーン・パッ・（ポチャン）」

①プールの壁におしりをつけ、しこ立ちの姿勢をとる。「イチ・ニイ」では腕の力をぬいて、手を水面に浮かべる。アゴを引いて足元を見る。
②「サアーン」でゆっくり顔を上げる。
③「パッ」でまとめて息を吐く。同時にゆっくり両手で水を押さえる。
④「ポチャン」で顔を水につけ、手を元の位置にもどす。
⑤①～④を連続して行い、回数を増やしていく。10回を目標にする。

指導のPoint

☆息つぎのときに、胸のあたりまで水の上に出てしまうことがはじめのうちはよく見られる。首を上下に動かし、水面すれすれの所で息つぎすることを意識させる。
☆「ポチャン」では腕の力をぬく（手は「オバケ」のようにする）ことを意識させる。

①イチ・ニイ

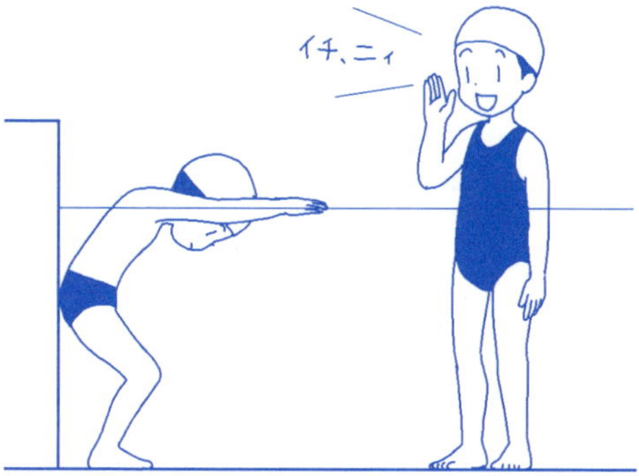

②サアーン

③パッ

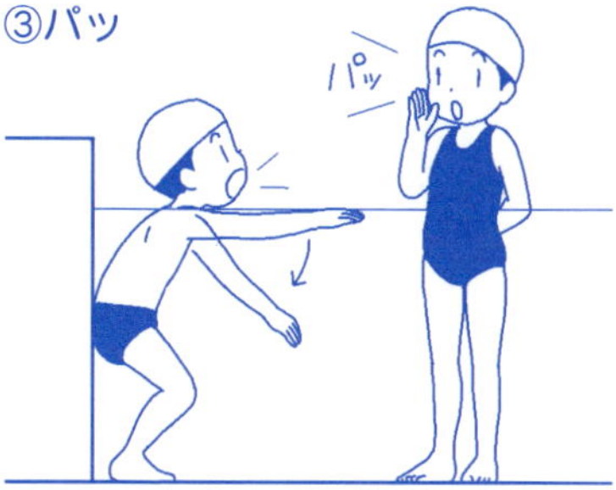

④ポチャン

25 歩いて呼吸

対象年齢
中・高学年

ねらい

●リズムに合わせて歩き、手のかきと息つぎのタイミングをつかむ。

やり方・ルール

【声かけ】
「イチ・ニイ・サアーン・パッ・（ポチャン）」

①「イチ・ニイ」は、腕を前にのばして顔をつけ、ゆっくり歩く。（水中では息こらえ）
②「サアーン」でゆっくりアゴを上げる。
③「パッ」でまとめて息を吐く。同時にゆっくり両手で水を押さえる。
④「ポチャン」で顔を水につけ、手を元の位置にもどす。
⑤①～④を連続して行い、回数を増やしていく。10回を目標にする。

指導のPoint

☆腕が下がってしまう子に対しては、ペアが手を出して軽く支えてやり、歩いて移動する。
☆リズムが速くならないように、ゆっくりとした声かけをするように注意させる。
☆腕の力をぬくことを意識させる。

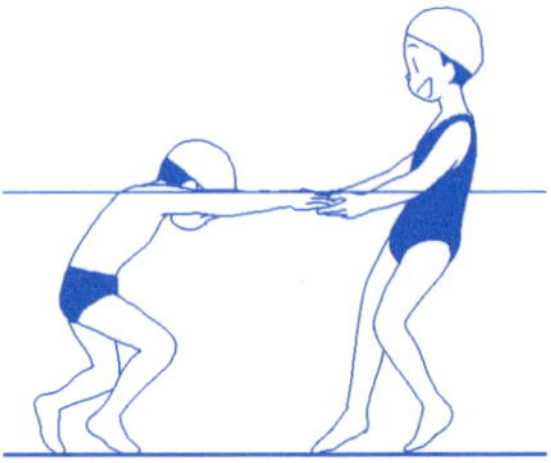

①イチ・ニイ

②サアーン

③パッ

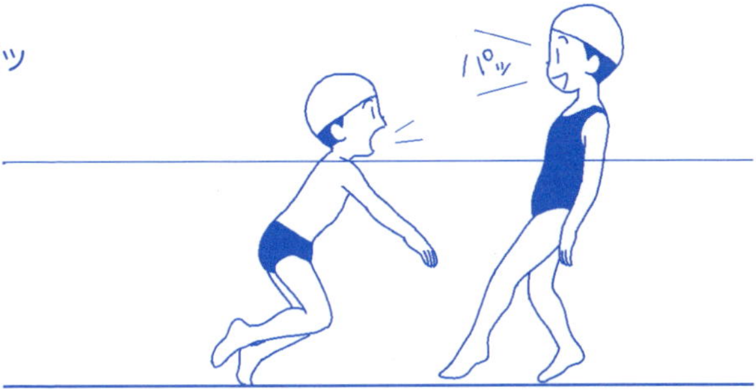

④ポチャン

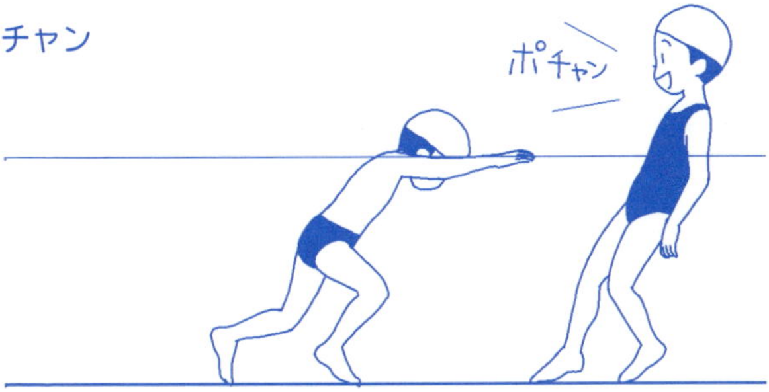

26 大また歩きの呼吸

対象年齢
中・高学年

ねらい

●大またで歩くことにより「フワッと浮く」感覚を身につける。

●手のかきと息つぎのタイミングをつかむ。

やり方・ルール

【声かけ】

「イチ・ニイ・サアーン・パッ」

①「イチ・ニイ」は、腕を前にのばして顔をつけ、ゆっくり大またで歩く。

②「サアーン」で片足でプールの底をけり、上体を前に伏せて体を浮かせる。そして、ゆっくりアゴを上げ始める。

③「パッ」で両手で軽く水を押さえて息つぎをする。

④手を前に出して、ひざをおなかの方に寄せながら、ゆっくり立つ。

⑤①～④をくり返す。

指導のPoint

☆「パッ」のときに、水上に大きく胸が出ないよう、肩の位置を水面に保つようにする。

☆できるだけ首の動きだけで顔を水上に出して息つぎをする。

☆慣れてきたら、「サアーン」で浮いている時間を長くする。

①イチ・ニイ

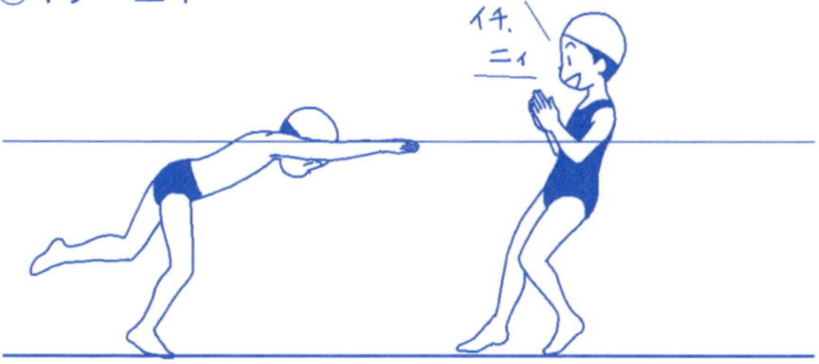

②サアーン

③パッ

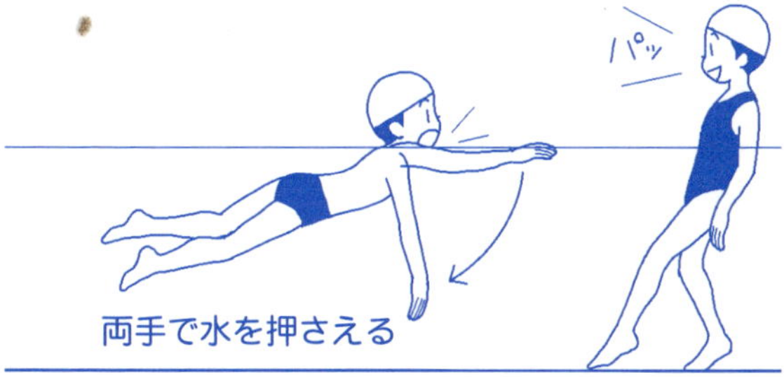

④立つ

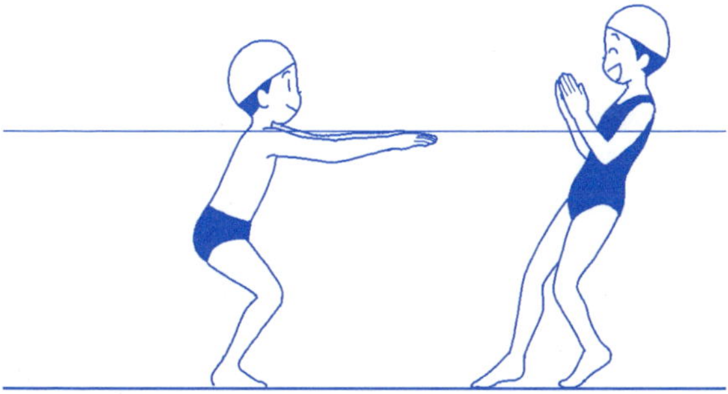

27 伏し浮き

対象年齢
中・高学年

ねらい

●全身の力をぬいて浮くことができる。
●補助あり伏し浮きで、連続的な息つぎのリズムをつかむ。

やり方・ルール

伏し浮き

①肩まで水につかり、両腕を前に出す。
②アゴを引いて、おへその方を見て、プールの底をけり、ゆっくり浮いてみる。
③手と足はまっすぐ伸ばすが、力を入れないようにする。

補助あり伏し浮き

【声かけ】
「イチ・ニイ・サアーン・パッ」
①肩まで水につかり、両腕を前に出す。ペアのもう1人が両手を軽く持つ。
②伏し浮きの状態になったら、もう1人がゆっくり後ろに歩き手を支える。
③ペアはリズムの声かけをくり返し、息つぎをしながら移動する。
④①～③をくり返す。

指導のPoint

☆頭が水面上に出ていると沈みやすくなるので、「おへその方を見て」と指示し、アゴを引かせるようにする。
☆腕に力を入れずに、リラックスした伏し浮き姿勢をとれるようにする。
☆ペアはゆっくりとしたリズムで声かけをする。

伏し浮き

①

②

③

ゆっくりける

④

力をぬく

補助あり伏し浮き

①

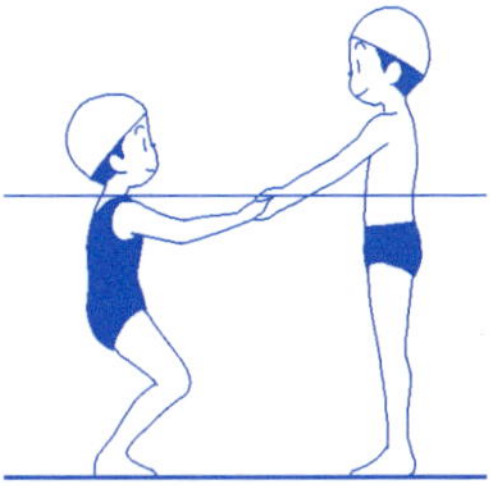

②

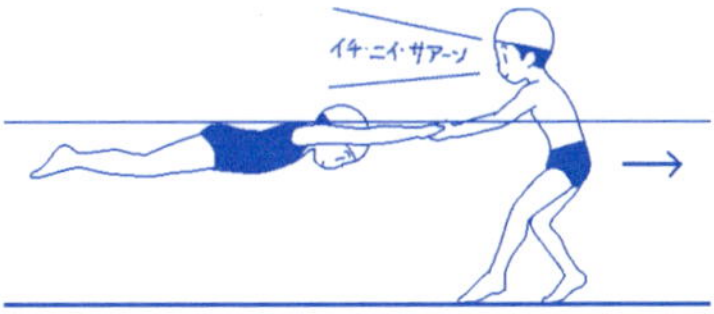

③

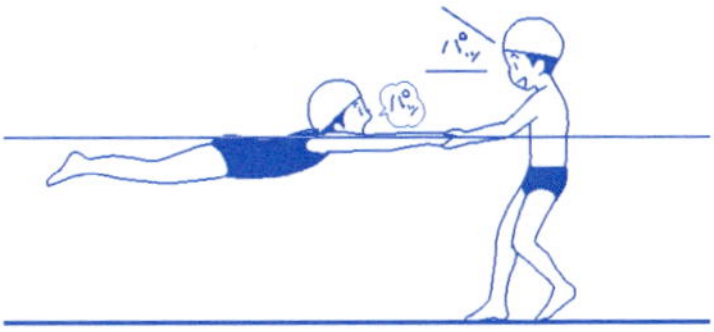

28 伏し浮き呼吸

対象年齢
中・高学年

ねらい

●伏し浮きからの息つぎのタイミングをつかむ。

やり方・ルール

【声かけ】

「イチ・ニイ・サアーン・パッ」

①「イチ・ニイ」は、体の力をぬいて伏し浮き姿勢をとる。目はプールの底（おへその方）を見る。
②「サアーン」でゆっくり頭を起こし、親指が見えたら水を押さえ始める。
③「パッ」で水を軽く押さえ、息つぎをする。
④「ポチャン」で沈む。肩とおしりが水面に出てくるのを確かめてから立つ。
⑤①～④を連続して５～10回程度行う。
⑥慣れてきたら立たずに連続して行う。

指導のPoint

☆息つぎの後、「ポチャン」で体は一度水中に沈むが、水中で息こらえをしていると体は浮力により徐々に浮いてくる。背中やおしりが水面に出たそのときが息つぎのタイミングであることをわからせる。
☆体が浮いてこない子どもに対しては、つぎの4つのポイントをペアで確かめ合わせる。

①息を十分吸えているか（息こらえで浮けているか）
②プールの底（おへその方）を見ているか
③ゆっくり「ニューッ」とアゴを上げているか
④体の力がぬけているか（脱力。手はオバケ）

その場で伏し浮き呼吸1回

①イチ・ニイ

②サアーン

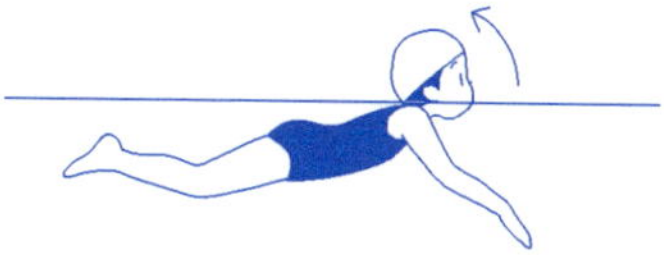

③パッ

④ポチャン

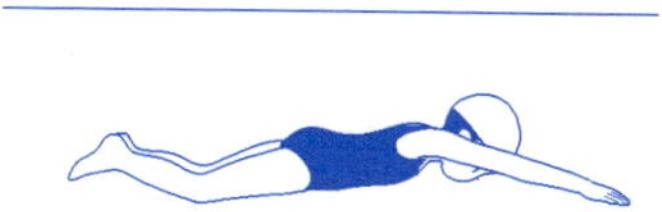

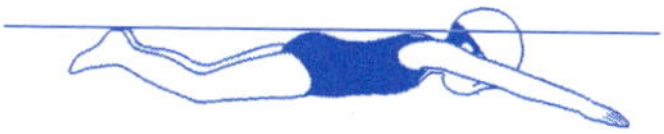

水面を背中やおしりに
感じたら立つ

その場で伏し浮き呼吸の連続

①イチ・ニイ

②サアーン

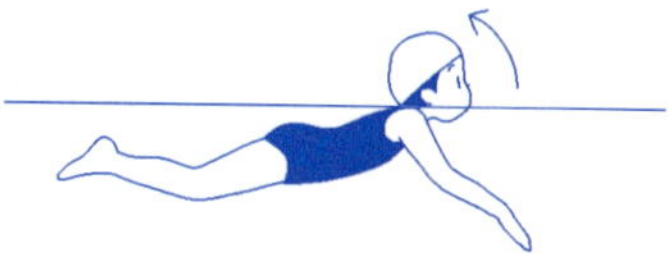

③パッ

④ポチャン

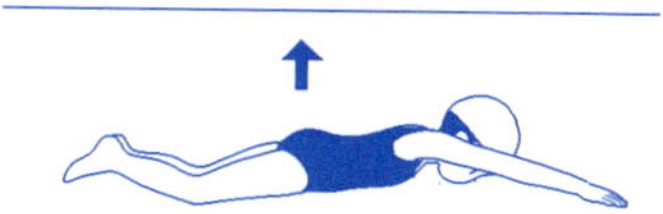

背中が浮いてくるまで待つ

①～④をくり返す

29 ドル平のキック

対象年齢
中・高学年

ねらい

●足首の力をぬいたドル平のキック（ドルフィンキック）ができる。

やり方・ルール

【声かけ】
「トーン・トーン・スー・パッ」
（または「けってー・けってー・のびてー・パッ」）

陸上でキックの練習

①プールサイドに腹ばいになり、両ひざを曲げる。ペアは両手を開いて手のひらを上に向ける。
②「トーン・トーン」でペアの手のひらに足の甲がつくように、足を伸ばして軽くける。
③「スー」でゆっくりアゴを上げる。足は伸ばしたまま。
④「パッ」で息つぎをする。同時にひざを軽く曲げる。

プールでの練習

ペアはリズムの声かけをしながら、両手を引いてゆっくり移動する。

指導のPoint

☆初期の段階のキックは、前に進むと言うよりは、沈んだ体を浮かせるためのキックと捉える。リズムに合わせて、ゆっくりキックできるようにしたい。
☆ペアはリズムをゆっくり言うように声かけをする。

陸上でキックの練習

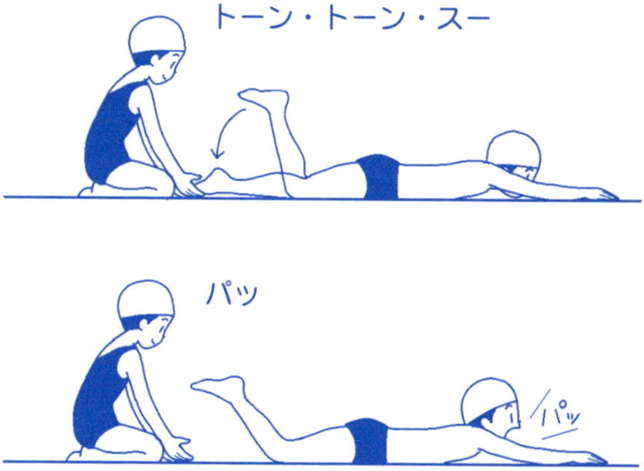

プールでの練習

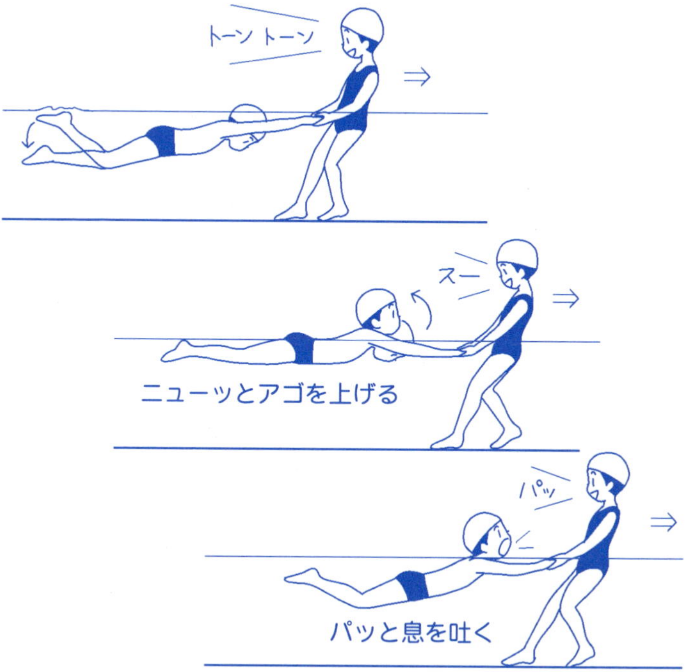

30 ドル平

対象年齢
中・高学年

ねらい

●手のかきと息つぎのタイミングを合わせ、ドル平でゆっくり泳ぐことができる。

やり方・ルール

【声かけ】
「トーン・トーン・スー・パッ」
（または「けってー・けってー・のびてー・パッ」）

①体の力をぬいて伏し浮き姿勢をとる。
②「スー」でゆっくりアゴを上げる。
③親指が見えたら手のひらで水を押さえ、「パッ」とまとめて息を吐く。
④息つぎの後は、アゴを引いてプールの底（おへその方）を見る。
⑤両足をそろえて、足の甲で「トーン・トーン」と軽く２回水を打つ。
⑥①～⑤をくり返し、息つぎの回数を増やしていく。

指導のPoint

☆この段階では、距離を進むよりも息つぎの回数を増やしていくことを目標にする。ドル平の大切な4つのポイントをペアで確認しながら、ゆっくり泳がせたい。

①「パッ」とまとめて息を吐く。
②「スー」でゆっくりアゴを上げる。
③「パッ」の後、プールの底（おへその方）を見る。
④全体にかかわって、肩や腕の力をぬく（脱力）。

①力をぬいて伏し浮き

②ニューッとアゴを上げる

③まとめてパッと吐く

④プールの底を見る

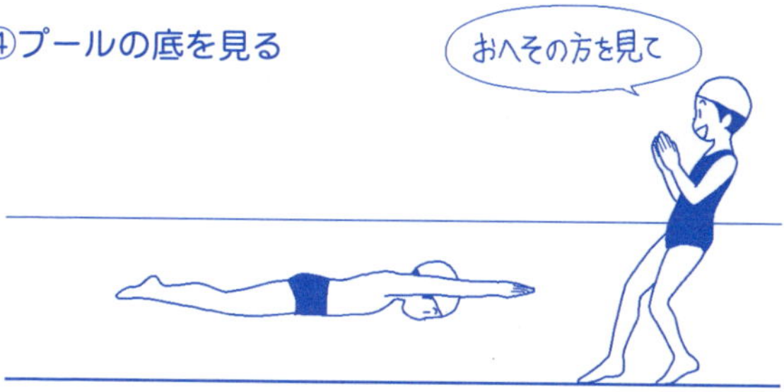

⑤ゆっくり2回キックする

31 上級ドル平

対象年齢
中・高学年

ねらい

●手のかきと息つぎのタイミングを合わせ、ゆっくり長く泳ぐことができる。

やり方・ルール

【声かけ】
「トーン・トーン・スー・パッ」

①伏し浮きの姿勢をとる。
②「スー」でゆっくりアゴを上げる。
③親指が見えてから手のひらで水を押さえ、「パッ」とまとめて息を吐く。
④息つぎの後は、アゴを引いてプールの底（おへその方）を見る。すぐに「トーン」とゆっくり水を打つ。
⑤体が上がってきたら「トーン」でもう1回水を打つ。
⑥①～⑤のくり返し。息つぎの回数を少なくして泳ぐ。

指導のPoint

☆ドル平で疲れずに長く泳ぐためには、伏し浮きの状態（「スー」で浮いている時間）を長く確保することが大切である。そのためには、
●アゴを上げてから手をかくようにする。
●1回目のキックの後すぐに2回目のキックをせずに、体が浮いてくるのを待つ。
☆息つぎの回数をできるだけ少なくして、25m、50m、100mを目指す。

①力をぬいて伏し浮き

②ニューッとアゴを上げる

③パッと息を吐く

④浮いてくるまで待つ

⑤ゆっくりキックする

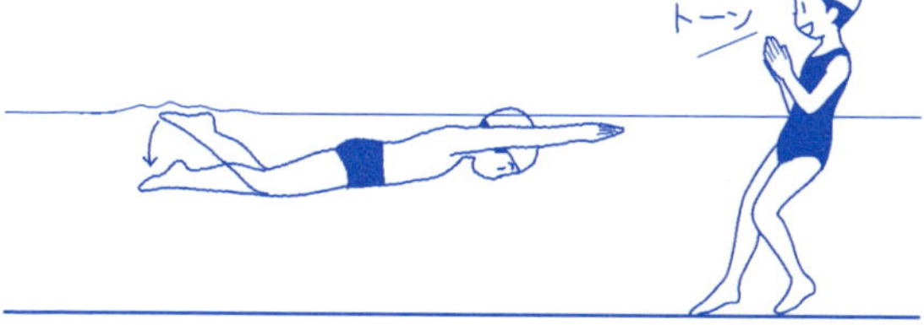

32 ワンキックドル平

対象年齢
中・高学年

（発展→34・35）

ねらい

●キックを1回にしたドル平（ワンキックドル平）のリズムで、ゆっくり長く泳ぐことができる。

やり方・ルール

【声かけ】

「トーン・スー・スー・パッ」

①伏し浮きの姿勢から、「トーン」と軽く足を打つ。
②1回目の「スー」では、プールの底を見ながら体の力をぬき、伸びをとる。
③2回目の「スー」では、ゆっくりアゴを上げると同時に手で水を押さえ始める。
④「パッ」で手で水を押さえ、息つぎをする。
⑤①～④のくり返し。キックはドル平のキック。
※慣れてきたらリズムを心の中で言いながら1人で泳ぐ。

指導のPoint

☆ワンキックドル平は、キックの回数を1回にして、伏し浮きの状態を長く保って泳ぐ泳ぎである。「スー・スー」の伏し浮きの時間を長くとることが後の平泳ぎにも生かせるため大切にしたい学習である。
☆息つぎの後、手を大きく太ももの所までかいてしまう子どもがいる。そのような場合、ペアが前に立って両手を差し出し、タッチさせるようにする。息つぎの後、かいた手をすぐに前に出せるように意識させる。
☆ワンキックドル平は平泳ぎへと発展している。

①ゆっくりキックする

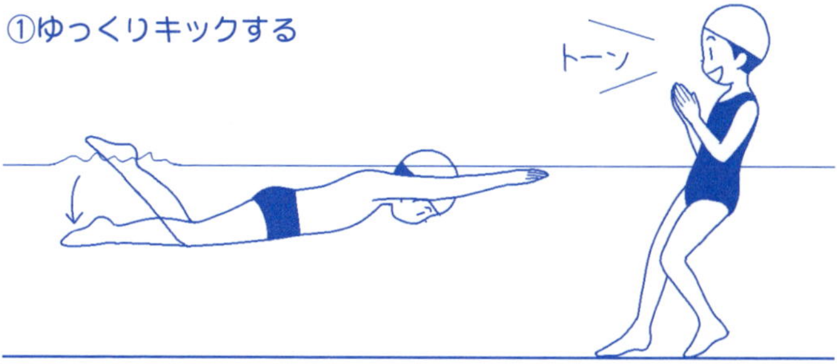

②力をぬいて伏し浮き

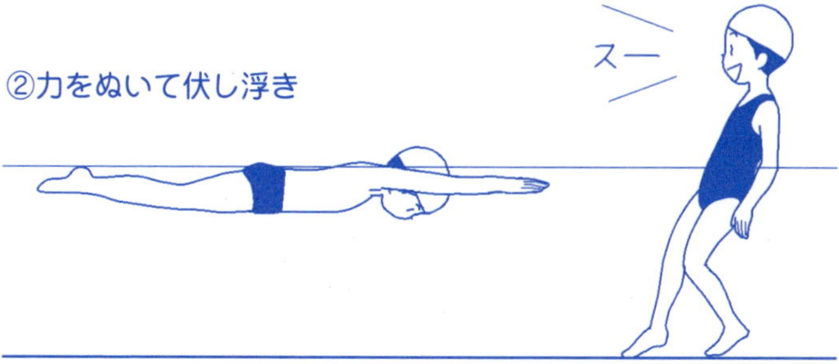

③ニューッとアゴを上げる

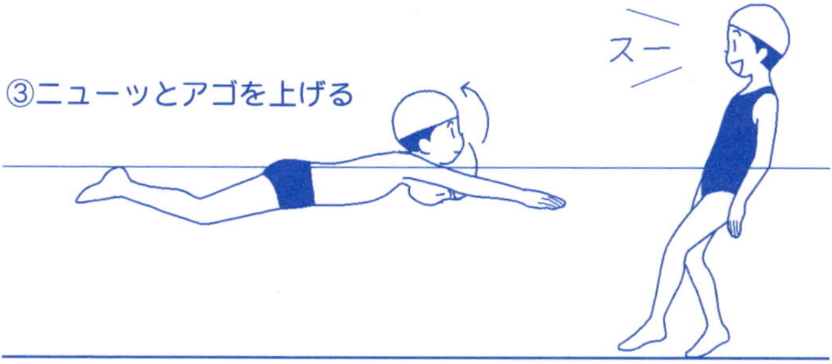

④パッと息を吐く

33 リズムを変えたドル平

対象年齢
中・高学年

（発展→38・41）

ねらい

●リズムを変えたドル平でゆっくり長く泳ぐことができる。

やり方・ルール

【声かけ】

「トーン・スー・トーン・パッ」

①伏し浮きの姿勢から、「トーン」と軽く足を打つ。
②1回目の「スー」では、プールの底を見ながら体の力をぬき、伸びをとる。
③2回目の「トーン」では、ゆっくりアゴを上げると同時に手で水を押さえ始める。
④「パッ」で手で水を押さえ、息つぎをする。
⑤①～④のくり返し。キックはドル平のキック。
※慣れてきたらリズムを心の中で言いながら1人で泳ぐ。

指導のPoint

☆クロールやバタフライのリズムになるので、ゆっくりとしたリズムで調子のよい泳ぎを完成させたい。
☆キックのときは、足首の力をぬいて両足同時にゆっくりけるようにする。
☆息つぎの回数をできるだけ少なくして、25m、50m、100mを目指す。

①ゆっくりキックする

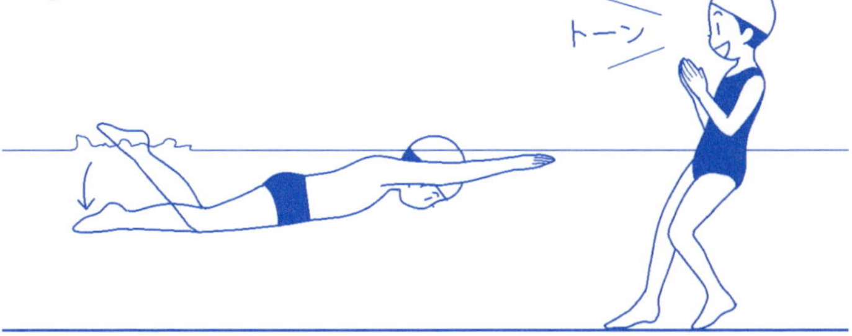

②力をぬいて伏し浮き

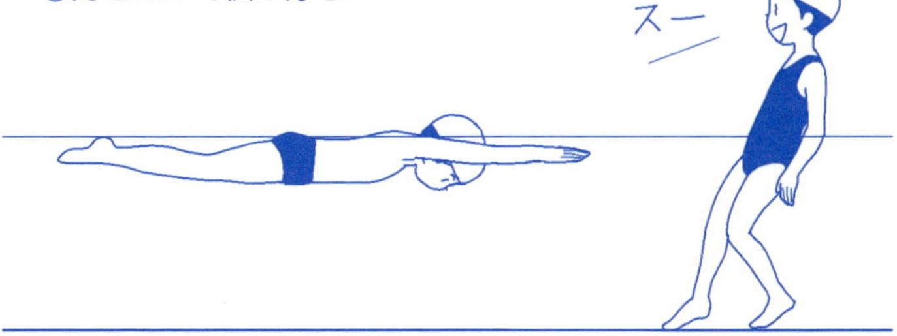

③ゆっくりキックする

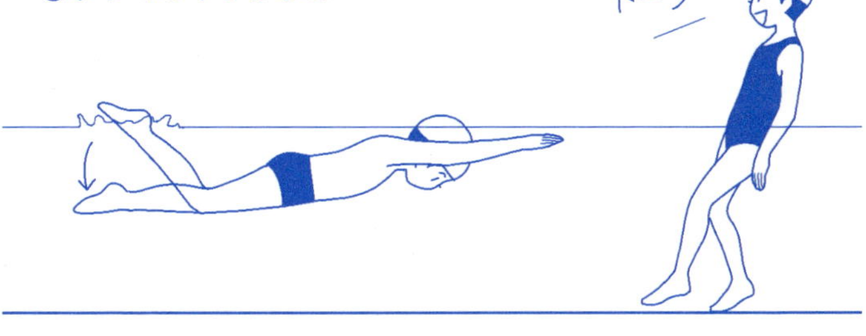

④パッと息を吐く

34 スーパードル平

対象年齢
中・高学年

ねらい

●ワンキックドル平で、手のかきの動作をつけ、手のかきと足の引きつけのタイミングをつかむ。

やり方・ルール

【声かけ】

「トーン・スー・スー・パッ」

①伏し浮きの状態から、「トーン」と足を軽く打つ。
②1回目の「スー」では、プールの底を見ながら体の力をぬき、伸びを取る。
③2回目の「スー」では、ゆっくりアゴを上げると同時に手で水をかき始める。（逆ハート型にかく）
④「パッ」で両手を胸の所で合わせ息つぎをする。足はかかとをおしりの所につけるような感じで意識的に引きつける。
⑤①～④をくり返す。

指導のPoint

☆ワンキックドル平では、手で軽く水を押さえるようにかくのに対して、今度は手のひらを外側に向け、腕を左右に大きく開いて水をかくようにする。
☆「スー・スー」ではしっかり体を伸ばして、伏し浮きの時間を長く保てるようにする。
☆十分に伸びが取れず、すぐに手をかいてしまう場合は、ワンキックドル平にもどって、伏し浮きが十分取れるように練習する。（関連→32）

①トーン

②スー　　力をぬいて伏し浮き

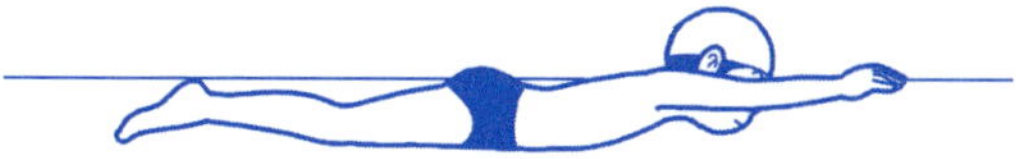

③スー　　手を大きくかき始める

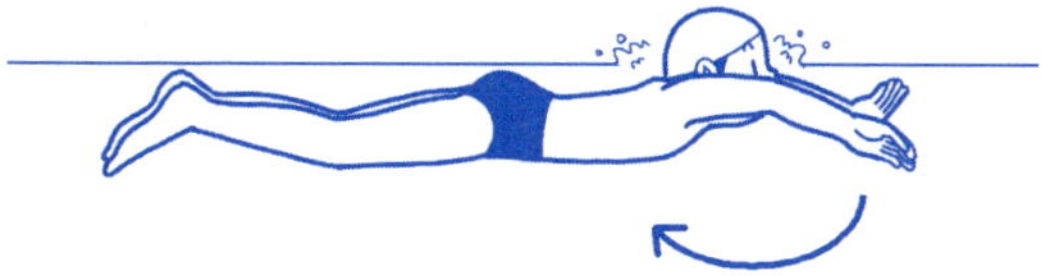

④パッ　　足をおしりの方に引きつける

⑤トーン　　両足でキック

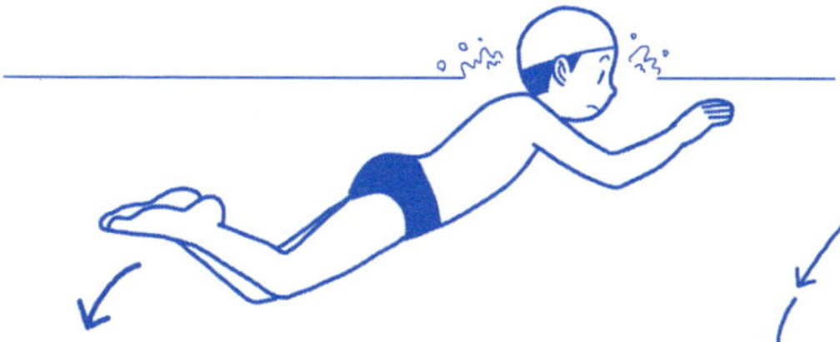

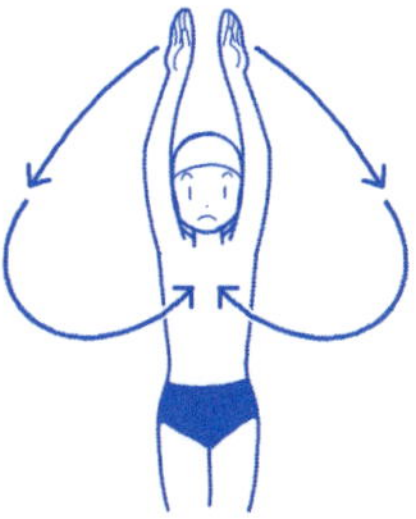

逆ハート型で手をかく

35 平泳ぎ

対象年齢
中・高学年

ねらい

●足をカエル足にして、平泳ぎで泳ぐことができる。

やり方・ルール

【声かけ】
「トーン・スー・スー・パッ」

陸上でカエル足の練習

①プールサイドに腹ばいになり、両ひざを曲げる。ペアは返した足を図のようにつかむ。
②「トーン」で足を伸ばして軽くける。
③今度はプールに入り、プールサイドを持って行う。

平泳ぎ

①「トーン」とカエル足で水を打つ。
②1回目の「スー」では十分に伸びを取る。
③2回目の「スー」では、ゆっくりアゴを上げると同時に手で水をかき始める。
④「パッ」で息つぎをして、足をおしりの所まで引きつける。
⑤①〜④をくり返す。

指導のPoint

☆水をどこで捉えているのか、あおり足（ドル平のキック）とカエル足を対比させて違いを理解させる。
☆カエル足のポイント
●両足の足首を返し、親指を外側に向けるようにする。
●両ひざが肩幅ぐらい開くようにする。
●キックはそのままけり下ろした後、脚を閉じる。

陸上でカエル足の練習

ドルフィンキックとカエル足との対比

ドル平のキック

カエル足のキック
（ペアはそのまま手前に引く）

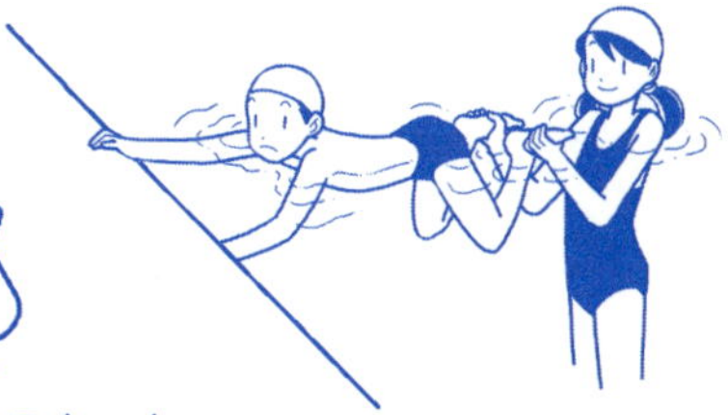

プールサイド
を持って練習

平泳ぎ

①トーン

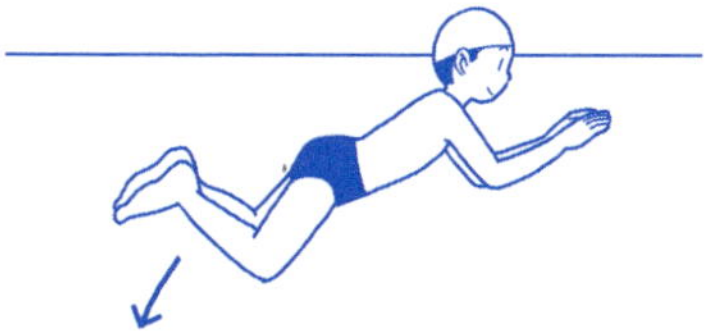

カエル足

②スー　　力をぬいて伏し浮き

③スー　　手を大きくかき始める

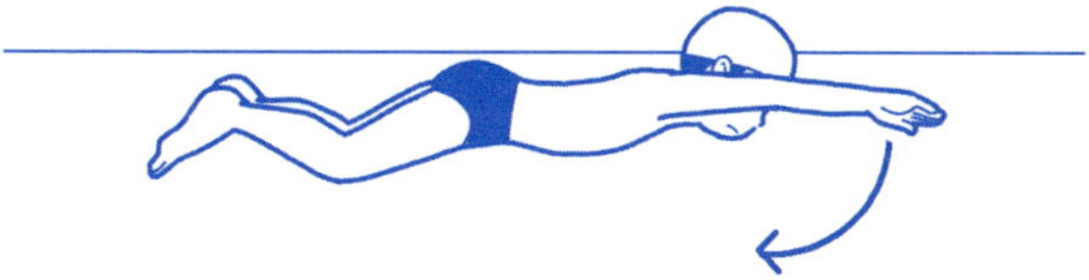

④パッ

足を引きつける

手を胸の所で合わせる

36 バタフライ①

対象年齢
高学年

ねらい

●アゴや体全体の動作で「うねり」をつくり出し、うねりのあるドル平で泳ぐことができる。

やり方・ルール

【声かけ】

「トーン・トーン・スー・パッ（ポチャン）」
※水中にもぐるためのキック

①「トーン・トーン」でアゴを引き、プールの底を見て、足を軽く2回打つ。
②「スー」でアゴをゆっくり上げながら体を反らせるようにする。
③水面に手がとどきそうになったら手で水を押さえ、「パッ」と息つぎをする。
④（ポチャン）でアゴを引き、水中に頭を入れる。
⑤つま先が見えたら「トーン」「トーン」と2回足を打ち、①②にもどる。
⑥①～⑤をくり返す。

指導のPoint

☆バタフライはアゴの先導動作でうねりをつくり出して泳ぐ泳ぎである。アゴを引いてキックすることによって、体が水中にもぐりこむような泳ぎを完成させたい。
☆「パッ」の息つぎの後アゴを引き、つま先が見えたらキックすることで、体が沈みこむことをペアで確認させる。

①トーン

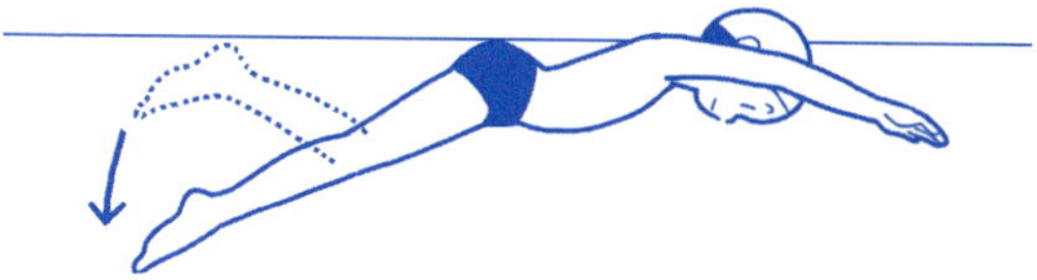

②トーン

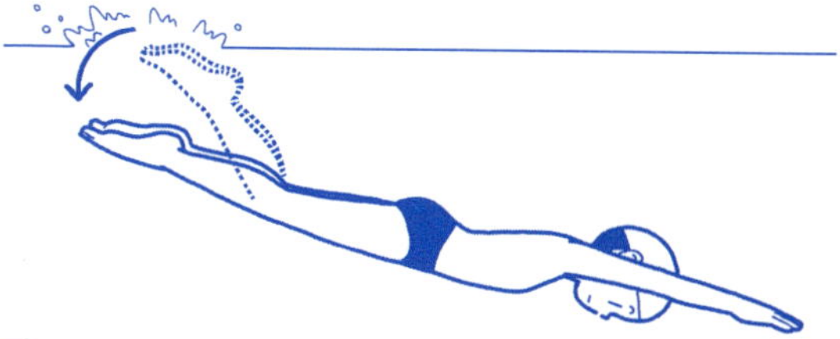

③スー

④パッ

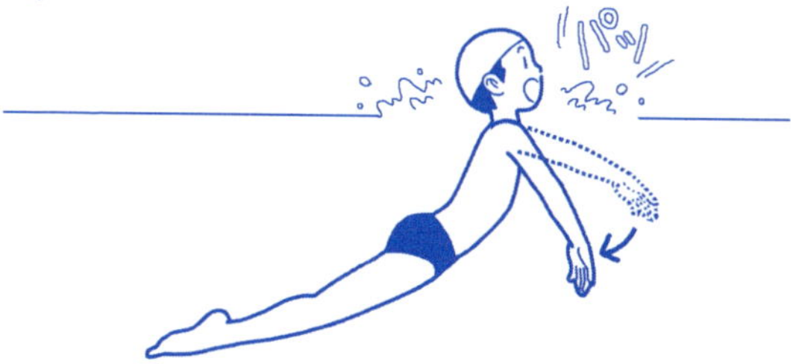

⑤ ①と同じ　　アゴを引き、つま先が見えたらキックする

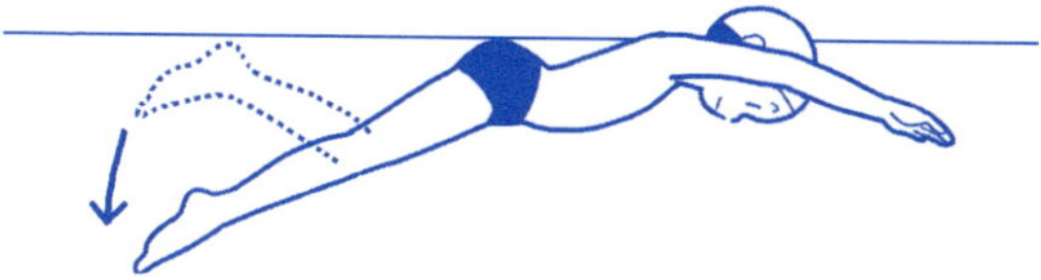

37 水中ロケット

対象年齢
高学年

（関連→51）

ねらい

●アゴや体全体の動作で「うねり」をつくり出し、キックのタイミングをつかむ。

やり方・ルール

水中ロケット

①プールの壁の前で肩まで水につかる。
②もぐると同時に足の裏でプールの壁をける。
③水中で伏し浮きの姿勢をとり、力をぬいて浮かび上がってくるまで待つ。
④ゆっくり足をつけて「パッ」と息つぎをする。

キックを入れた水中ロケット

①水中ロケットの①～③を行う。
②アゴを上げて体を反らせると体が浮いてくる。
（関連→11スーパーマンの姿勢）
③ひざを曲げて「トーン」とける。
④両手で水を押さえ、「パッ」と息つぎをしてから立つ。

指導のPoint

☆36に対して、今度はアゴを上げることによって水上に体が浮かび上がってくることを分からせる学習である。
☆けのびの後にスーパーマン（→11）の姿勢をとり、水面に手が届きそうになったら「トーン」とキックする。

水中ロケット

①プールの壁の前に立つ

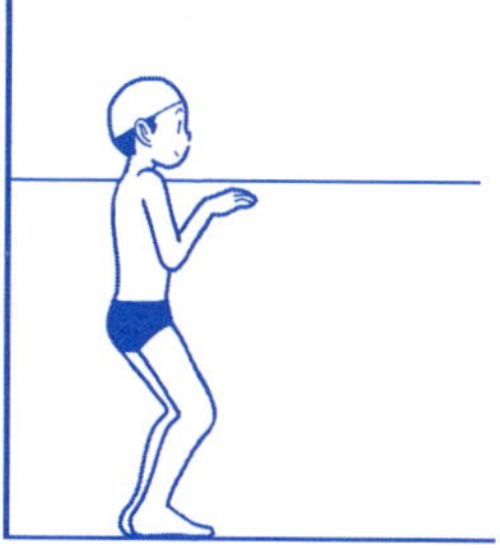

②プールの壁をける

③力をぬいて伏し浮き

④パッ

キックを入れた水中ロケット

①水中ロケット

けのびの姿勢からアゴを
上げ始める

②アゴを上げる

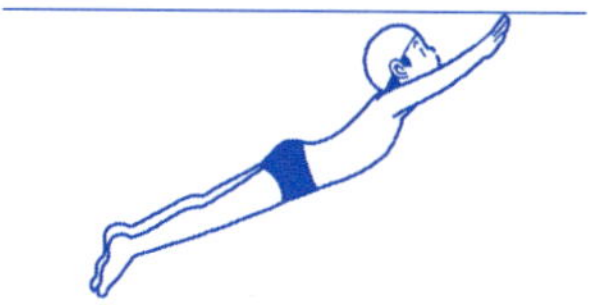

スーパーマンになって
体を反る

③トーン

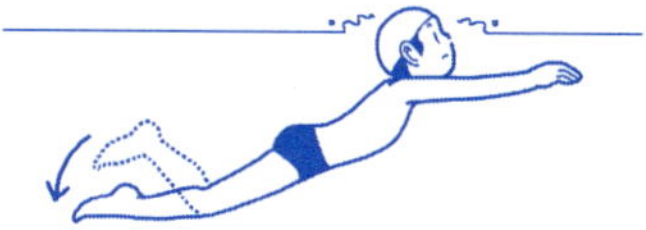

④パッ

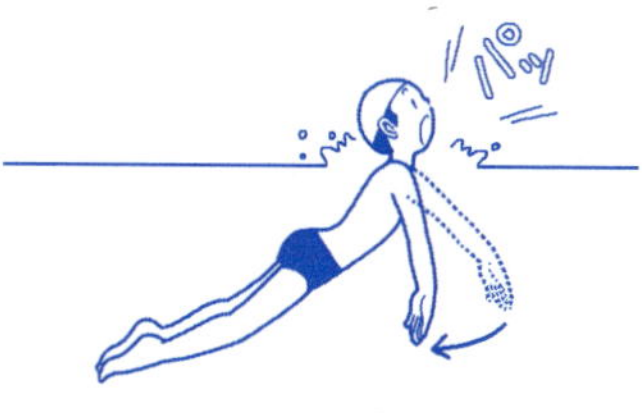

手を真下にかく

38 バタフライ②（うねりのあるドル平）

対象年齢
高学年

ねらい

●アゴや体全体の動作で「うねり」をつくり出し、うねりのあるドル平で泳ぐことができる。

やり方・ルール

【声かけ】
「トーン・スー・トーン・パッ」
もぐるキック　浮くキック

うねりのあるドル平で泳ぐ

①1回目の「トーン」ではアゴを引き、プールの底を見て、軽く水を打つ。
②「スー」ではアゴをゆっくり上げながら体を反らせ、足を曲げていく。
③2回目の「トーン」で足を軽く打つ。
④両手を水で押さえ、「パッ」と息つぎをする。
⑤①～④をくり返す。

腕のかきをつけてうねりのあるドル平で泳ぐ

※④のときに手を太ももまで一気にかいてみる。その後は手の甲を合わせ、頭を両腕にはさむようにして指先から入水する。

指導のPoint

☆1回目の「トーン」はもぐるためのキック、2回目の「トーン」は浮くためのキックであることを理解させる。
☆腕のかきはハの字でかき始め、両手を次第におなかの方に近づける。そして、太ももまで一気にかく。

①トーン　アゴを引いてキック

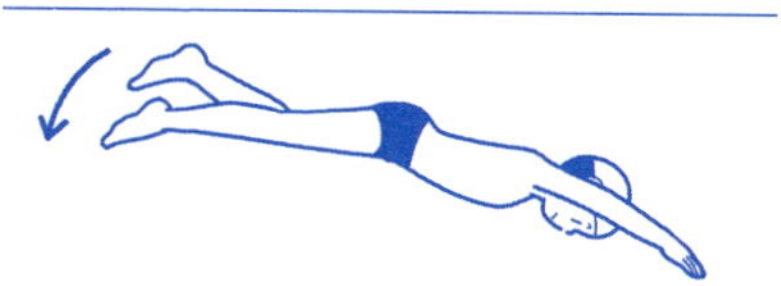

②スー　アゴを上げていく

③トーン

④パッ

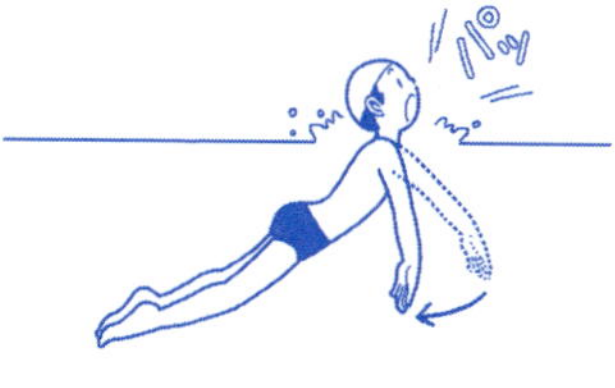

手のかきをつけた場合

腕のかきをつける

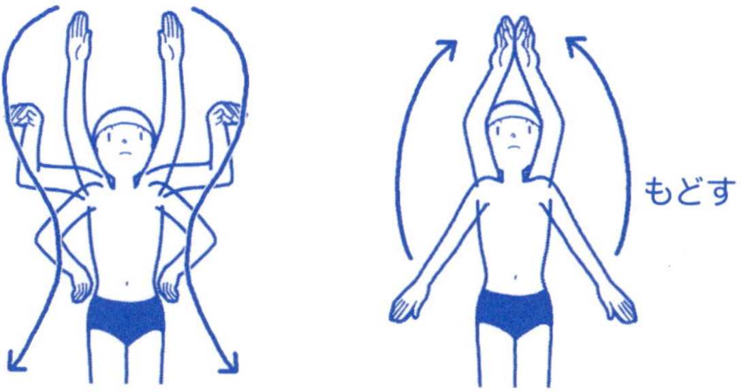

39 バタフライ③

対象年齢
高学年

ねらい

●うねりをつくってバタフライのリズムでゆっくり泳ぐことができる。

やり方・ルール

【声かけ】

「トーン・トン・パッ」

①プールの壁をけって伸びを取る。（→37水中ロケット）
②1回目の「トーン」では、アゴを引いて足を軽く打つ。（沈むためのキック）
③アゴをゆっくり上げて、水面に手がとどきそうになったら2回目の足「トン」を打ち、手をかき始める。（浮くためのキック）
④手で水を太ももまで一気にかいて、「パッ」と息つぎをする。
⑤次に頭を両腕にはさむようにして指先から水に入り、足を1回打って水にもぐる。（1回目の「トーン」にもどる）
⑥①〜⑤をくり返す。

指導のPoint

☆バタフライ2との違いは、「スー」がない所と、「トン」と短くキックする所である。1回目の「トーン」で水に沈みこんだらすぐにアゴを上げ、体を反りながら浮かんでくるようにする。
☆うねりが十分取れていない子どもは、バタフライ1にもどって練習する。

①壁をけって伏し浮き

② トーン　アゴを引いてキック

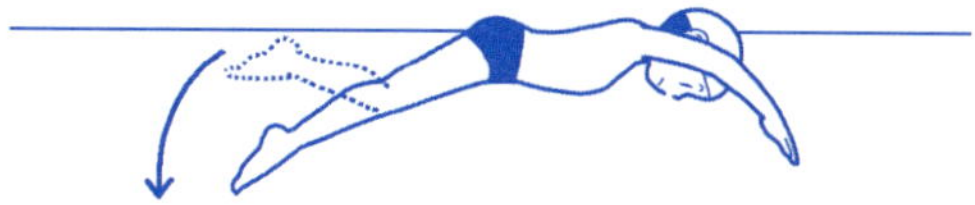

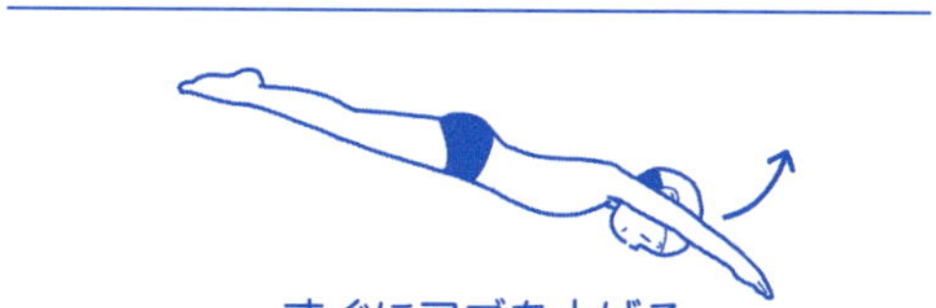

すぐにアゴを上げる

③④トン・パッ

⑤トーン

アゴを引いて水中につっこむ

40 片手クロール

対象年齢
高学年

近代泳法

ねらい

●体を横に回転させた息つぎを行い、片手クロールで泳ぐことができる。

やり方・ルール

【声かけ】

「トーン・トーン・スー・パッ」

①「トーン・トーン」では、プールの底を見ながら、両足をそろえて軽く2回水を打つ。
②「スー」では、息つぎをする側の腕をかき始める。（回転の軸になるかかない方の腕はそのまま残しておく）
③水を太ももまでかきながら、顔を横に向けて「パッ」と息つぎをする。その後は、伏し浮きの姿勢にもどる。
④①～③をくり返す。

指導のPoint

☆顔だけを横に向けるのではなく、体全体を回して（ローリング）息つぎを行うようにする。
☆息つぎのときに顔を正面に上げたり、伸ばした手が下や横に流れたりすることがよく見られる。そのような場合はローリングができていないので、「耳を肩につけて」「後ろの方を見て」「かかない方の手をしっかり伸ばして」などの言葉がけを行う。
☆息つぎのときに伸ばしている手（回転の軸になる方の腕）が下がる子どもに対しては、ペアが息つぎのときに軸腕を下から軽く支え、手前に引くと効果的である。

①トーン・トーン

ゆっくり2回キックする

②スー

力をぬいて伏し浮き

③パッ

体全体を回して息つぎ

●軸腕が下がる場合は、ペアが伸ばした手を支える

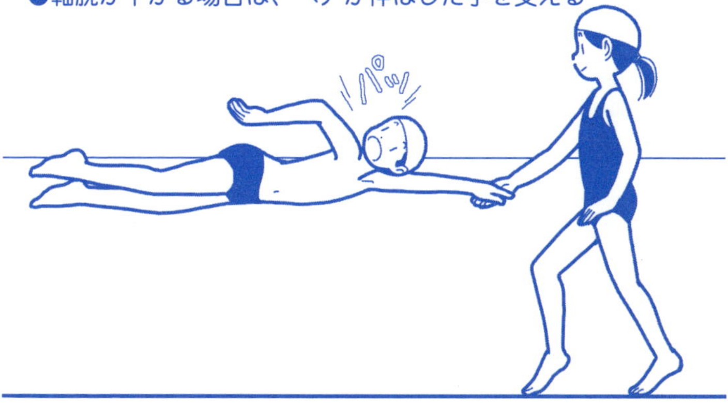

41 初級クロール

対象年齢
高学年

ねらい

●両手を交互にかいて、初級クロールのリズムでゆっくり泳ぐことができる。

やり方・ルール

リズムを変えたドル平で泳ぐ（関連→33）

【声かけ】「トーン・スー・トーン・パッ」

初級クロールで泳ぐ

【声かけ】「トーン・かいてー・トーン・パッ」

手の動作→（そろえて）（かく）　（そろえて）（かく）

①「トーン」では足を軽く打つ。両手を前でそろえる。

②「かいて」では、息つぎをする側と反対の腕をかく。

③「トーン」では足を軽く打つ。両手を前でそろえる。

④「パッ」では、息つぎをする側の腕をかき、息つぎをする。

⑤①～④をくり返す。

「トーン」の所をバタ足に変えて泳ぐ。

【声かけ】「バタバタ・かいて・バタバタ・パッ」

指導のPoint

☆この段階では、両手を前でいったんそろえてから腕をかくようにする。ゆっくりとしたリズムで腕をかき、一つひとつの動作を行うためである。

☆初級クロールでリズムよく泳げるようになってきたら、キックをバタ足に変える。（「トーン」で片足ずつ打つと、2ビートクロールになる）

☆足全体と足の甲で水をとらえバタ足を行う。

①トーン

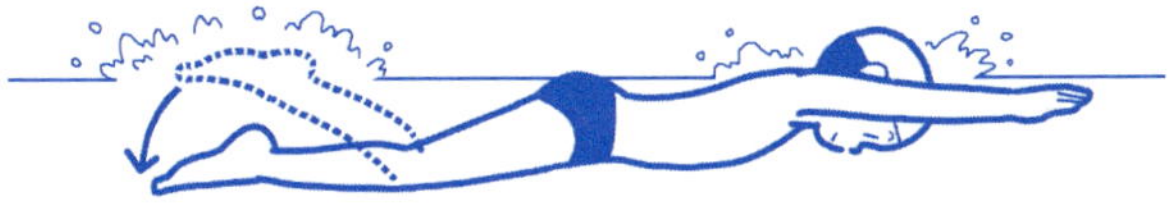

両足をそろえてゆっくりキックする

②かいてー

息つぎと反対側の手をかく

③トーン

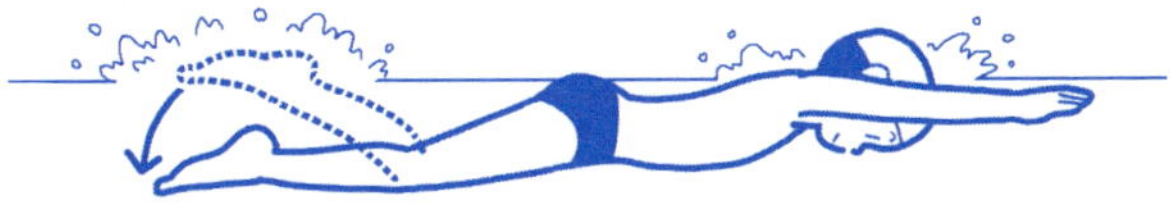

両足をそろえてゆっくりキックする

④パッ

体全体を回して息つぎをする

バタ足に変えてキックする

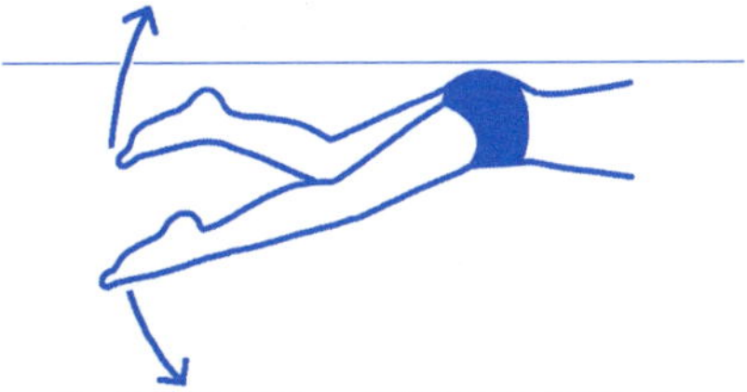

ひざをゆるめ、足首の力をぬく

42 上級クロール

対象年齢
高学年

ねらい

●ローリングを大きくした上級クロールのリズムでゆっくり泳ぐことができる。

やり方・ルール

【声かけ】

	「かいてー・	パッ」
手の動作→	息つぎをしない方の手をかく	息つぎをする方の手をかく

①「かいてー」では、息つぎをする側と反対側の腕をかく。
②息つぎをする側の腕をかき、「パッ」と一気に息つぎをする。
③①②の動作をくり返す。
※足首の力をぬき、バタ足を行う。

指導のPoint

☆両手を前でそろえないで、左右の腕の回転を連続させ、ローリングを大きく意識させる。
☆リズムが速くなってローリングが小さくならないように、ゆっくりとしたリズムで泳ぐようにする。
☆回転軸を安定させるために、息つぎのとき、かいていない方の手を前に大きく伸ばすことを意識させる。
☆腕はＳの字をかくように大きく太ももまでかくようにする。

①かいてー

息つぎと反対の手をかく

②パッ

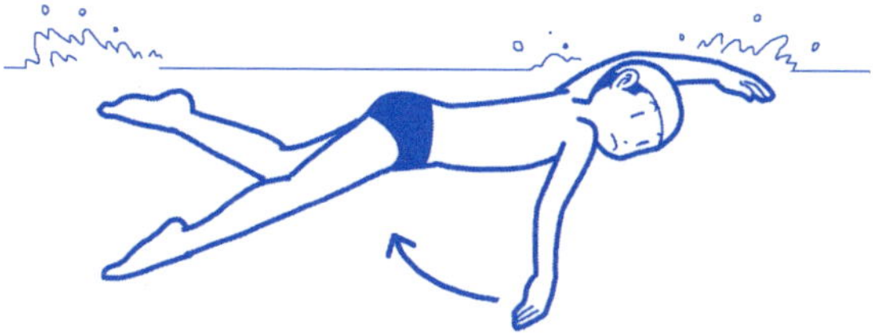

腕をしっかり伸ばす

ローリングを大きくして息つぎ

43 背浮き

対象年齢
高学年

ねらい

●リラックスした背浮きの姿勢を保持して浮くことができる。

やり方・ルール

①背浮きに慣れる。

●背浮き姿勢がとれるようにペアが支え、慣れてきたら徐々に手をはなす。

●アゴを上げたり、おへそを出したりして、浮きやすくなるポイントをさがす。

②立った状態からゆっくり背浮きになる。

③背浮きからの立ち方を覚える。

④両手両足を軽く動かして長く浮く。

⑤両手を伸ばして背浮きを行う。

指導のPoint

☆背浮きの姿勢は、背中を少し反りかげんにした逆おわん形になると浮きやすい。おへそを出すように指示するとよい。

☆アゴを上げすぎると鼻から水が入り、反対に引きすぎると体が沈んでしまう。浮きやすい頭の位置をペアに支えてもらう中でつかませる。

☆背浮きになるときは、勢いをつけずにゆっくり後ろに倒れこむようにする。

☆手のかき（スカリング）は、ひじを脇腹につけて手首のスナップをきかせてかく。

①背浮き姿勢を覚える

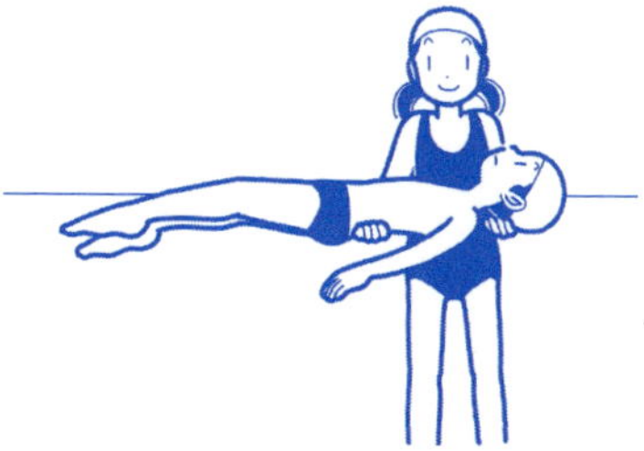

②後ろにゆっくり倒れて背浮き

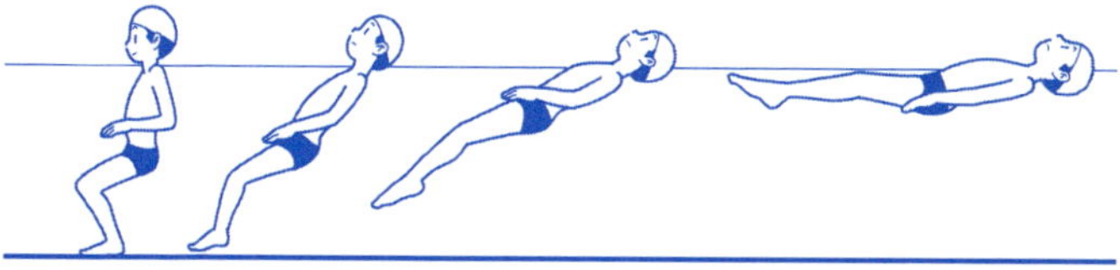

③背浮きからひざを曲げて立つ

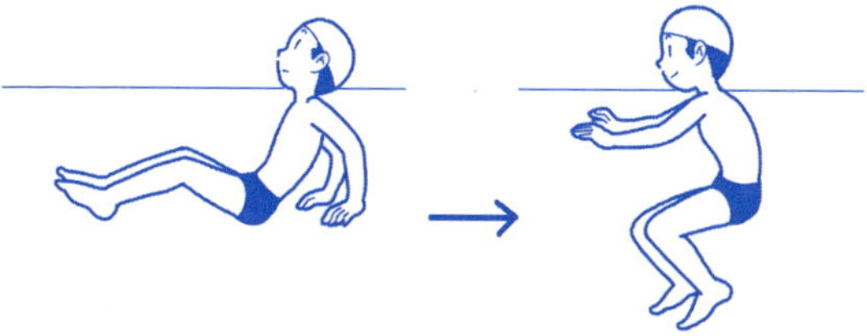

④両手両足を動かした背浮き

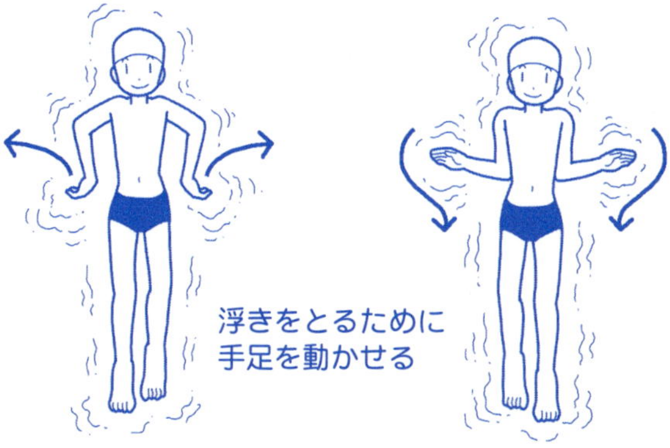

⑤両手を伸ばした背浮き

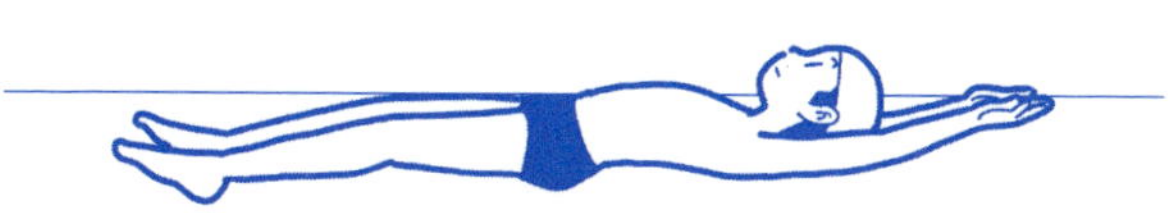

44 背浮きキック

対象年齢
高学年

ねらい

●体の力をぬいた背浮きキックで泳ぎ、自在に移動できる。

やり方・ルール

①手足を動かして背浮きを行う。
　●うまく背浮きができる体の位置を覚える。
　　頭部は耳の所まで水につけてアゴを少し引く。
　　おへそを水上に出すようにする。
　●両手両足を動かし、１分程度その場で浮いてみる。
②ペアが補助して背浮きで移動する。
　●プールのコースに沿ってまっすぐ移動する。
　※安全のため、ペアは必ず頭の方に立つようにする。
③壁キックから両手を伸ばし、背浮きキックで移動する。

指導のPoint

☆バタ足は背浮きの姿勢を保持しやすいように、足で水を下に押し出すような感じでける。
☆手のかき（スカリング）は、ひじを脇腹につけ、手首のスナップをきかせてかく。
☆背浮きキックでは、プールの底が見えないのでまっすぐ泳げない子どもが多い。はじめのうちはペアが必ず頭の方に立って声かけをする。慣れてきたら、周囲に注意しながら泳ぐようにする。

①背浮きに慣れる

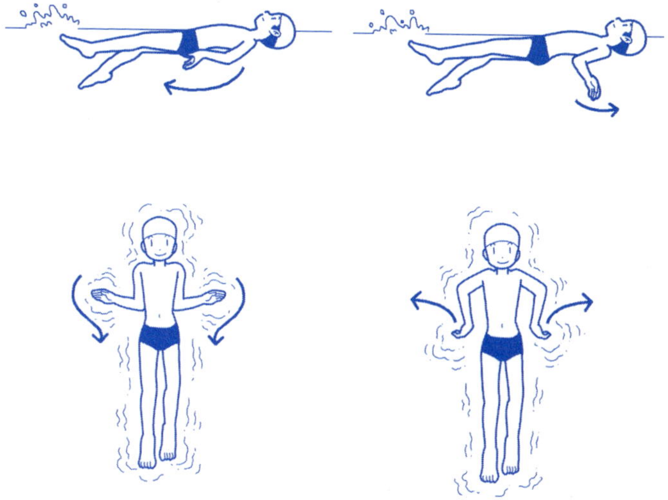

②背浮きキックで移動
まっすぐに移動する（ペアは必ず頭の方に立つ）

※ビート板を持って
背浮きキックを行う
ことも効果的である。

③壁キックから両手を伸ばした背浮き

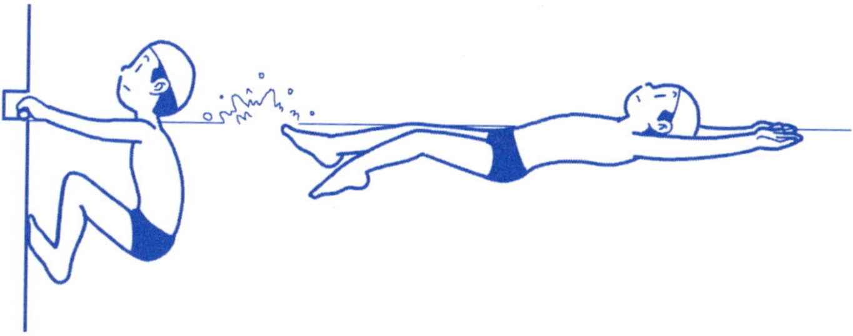

45 背泳ぎ

対象年齢
高学年

ねらい

●手の動作と息つぎのタイミングを合わせ、リラックスした背泳ぎで泳ぐことができる。

やり方・ルール

【声かけ】

「かいてー・　パッ」

手の動作→（一方の手をかく）（もう一方の手をかく）

片手背泳ぎ

①両手伸ばし背浮き

壁キックから、両手を上げて背浮きの姿勢をとる。

②両手伸ばし背浮きから片方の腕をかき、体側でそろえる。

③片手をかいて体側でそろえるときに「パッ」と息つぎをする。

背泳ぎ

1　①～③は同じ。

2　もう一方の手も③と同じようにする。

3　両手を交互にかく。

※キックは、足首の力をぬいて甲で水をけり上げるようにする。

指導のPoint

☆いきなり両手を交互にかくのは難しいので、片手ずつ回してかくことから始める。

☆背泳ぎでは、息つぎはいつでもできるように見えるが、タイミングが悪いと鼻から水が入ったりすることがある。そこで、手をかいた後に「パッ」と息つぎをするようにする。

片手背泳ぎ

①

②伸びてー

かいてー

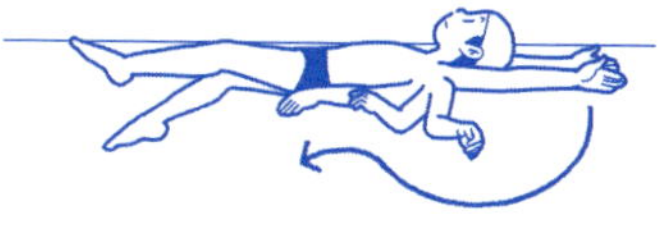

③パッ

反対側の手も同じように行う

背泳ぎ

1かいてー

2パッ

かいてー

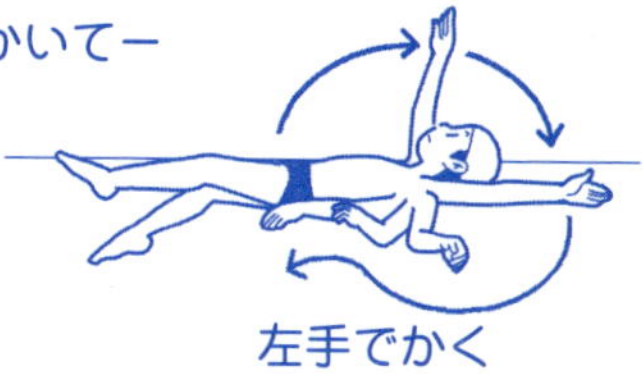

3パッ

46 エレメンタリーバックストローク

対象年齢
高学年

着衣泳

ねらい

●手のかきとキックのタイミングを合わせ、エレメンタリーバックストロークで泳ぐことができる。

やり方・ルール

※ここではまだ着衣をしない。

【声かけ】「曲げてー・トーン」のリズムで行う。

陸上での練習

逆カエル足

プールサイドにすわって足を水につけ、逆カエル足の練習を行う。

逆カエル足に手の動作をつける

足を肩幅ぐらいに開いて立つ。

①「曲げてー」で両手両足を曲げる。

②「トーン」で両手で水をかき、逆カエル足でキックする。

エレメンタリーバックストローク

①壁キックからの背浮きを行い、十分体の力をぬく。

②「曲げてー」で両手両足を曲げる。

③「トーン」で両手で水をかき、逆カエル足でキックする。

指導のPoint

☆手のかきは、ひじを脇腹につけてキックと同時にかく。足を曲げたときに水面に足が出ていると空げりになるので、出ないように気をつける。

☆息つぎは「曲げてー」のときに行う。

※エレメンタリーバックストロークは背泳ぎの元になった泳ぎで、現在も人命救助の泳ぎとして泳がれている。

陸上での練習

逆カエル足

曲げてー

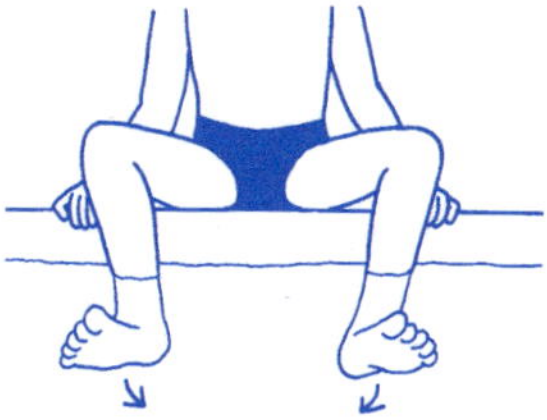

トーン

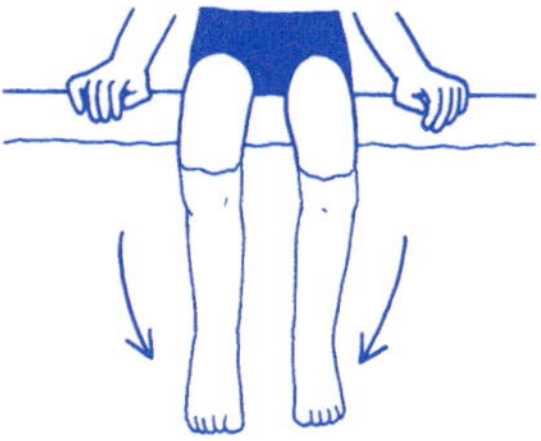

逆カエル足に手の動作をつける

曲げてー

トーン

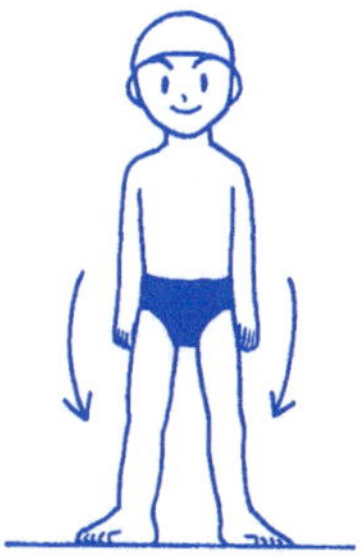

気をつけの姿勢

エレメンタリーバックストローク

①

壁キックから背浮き

② 曲げてー

③ トーン

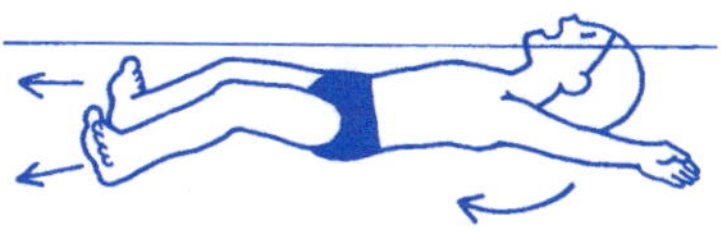

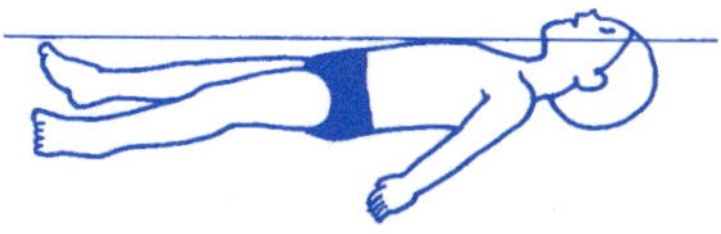

体の力をぬく

47 着衣で近代泳法

対象年齢
高学年

ねらい

●着衣で近代泳法を泳ぐと、疲れたり泳ぎにくかったりすることがわかる。

やり方・ルール

①水着の上から着衣。（上着やズボン・靴）
②ペアで体（服）に水をかけ、入水する。
③着衣で浮いてみる。
●クラゲ浮き・スーパーマン浮き・伏し浮き・背浮きなど。
④着衣のまま水にもぐったり、歩いたりする。
⑤近代泳法で泳ぐ。
着衣でない状態のときとではどう違うのか比べる。

指導のPoint

☆着衣泳はプール指導の最後に行われることが多いが、きれいに洗った衣服を着用するのであれば汚れる心配はないとされている。ただし、靴を使用する場合は最後の時間にする方が望ましい。
☆この学習では、クロール・平泳ぎ・背泳ぎ・バタフライで泳ぎ、着衣で泳ぐことの困難さを体験させる。4泳法の中でも、背泳ぎは浮くことに関しては有効であることにも気づかせたい。
☆着衣泳を背泳ぎの学習の延長として位置づけ、着衣泳までに背浮きができる状態にしておきたい。
☆タイムを計ったり長い距離を泳いで、着衣で近代泳法を泳ぐ困難さに気づかせることもできる。

＜用意するもの＞

長袖シャツやトレーナー

長ズボンやスカート

ゴーグル

靴

※服は色落ちしないものを。靴は汚れを十分落としておく。

近代泳法でプールの横を泳ぐ

服が重くて進まないよー
平泳ぎはしんどいーつかれるー
背泳ぎは泳げるかもー

48 着衣で背浮き

対象年齢
高学年

ねらい

●着衣による浮力を生かし、体の力をぬいた背浮きができる。

やり方・ルール

①背浮きに慣れる。

●背浮き姿勢がとれるようにペアが支え、慣れてきたら徐々に手をはなす。

●アゴを上げたり、おへそを出したりして、浮きやすくなるポイントをさがす。

②服に空気を入れて背浮きをする。

空気を服にためてから、背浮き姿勢になる。

③大の字になって浮く。

●手のひらやつま先を少し上げると（水面に少し出すと）浮きやすくなることを確かめる。

④ペットボトルを持って背浮きをする。

指導のPoint

☆近代泳法で泳ぐと疲れるという経験をした後に、体力を消耗しない背浮きを体験させる。服を着ていても力をぬいて背浮きの状態を保っていれば、浮くことができることをわからせる。

☆衣服が濡れると、体と衣服の間に空気の層ができ、浮きやすくなることをペアで観察させる。

① 着衣で背浮き

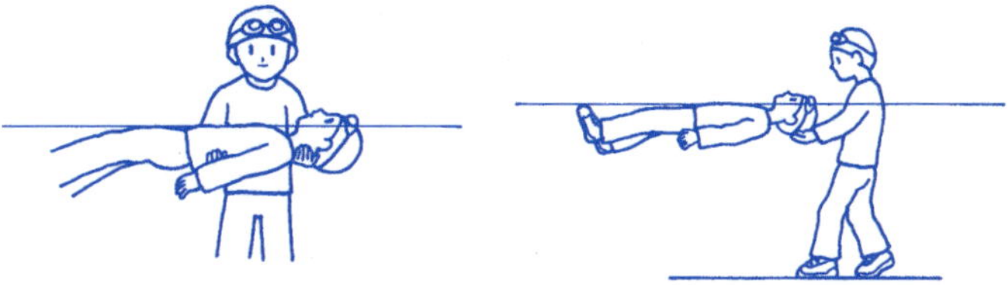

どのような姿勢が浮きやすいのかペアで確かめる

② 服に空気を入れて背浮きをする

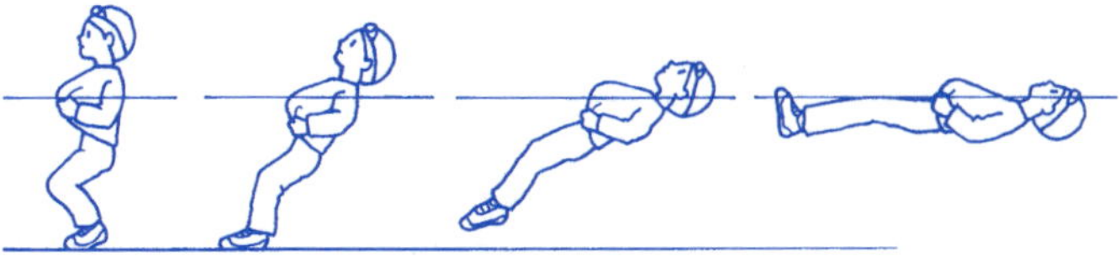

ゆっくりたおれる

③ 大の字浮き

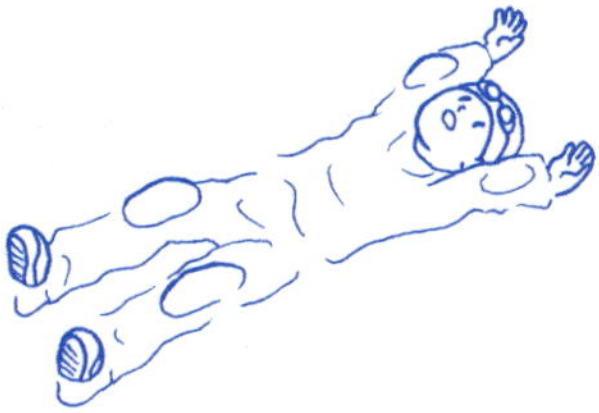

④ ペットボトルを持って浮いてみる

ペットボトルは1ℓか2ℓのものを使用する。ペットボトル1本でも十分浮けることを確かめる。

49 流れをつくって浮いてみよう

対象年齢
高学年

ねらい

●流れのある所で背浮きで楽に浮くことができる。

やり方・ルール

洗たく機で流れをつくり背浮きをする。（関連→4）

①同じ方向に動いて流れをつくる。

②ある程度流れができてから、いっせいに大の字になって背浮きで浮く。

※常に周囲を見渡し、壁に当たらないか注意する。

③ペットボトルを持って浮いてみる。

エレメンタリーバックストロークで移動する。

①プールサイドに後ろ向きに立つ。

②ゆっくり背中からプールに倒れこむ。

③背浮き姿勢をとる。

④エレメンタリーバックストロークで反対側に移動する。

⑤反対側のプールサイドに上がる。

指導のPoint

☆洗たく機では、プールの水の流れができてからいっせいに背浮きを行う。友だちやプールの壁にぶつからないよう十分注意する。

☆プールに背中から入った後はいったん沈むが、あわてないですぐに背浮きの姿勢をとるようにする。背浮きができてから、エレメンタリーバックストロークで移動する。

洗たく機で背浮き

ペットボトルに少し水を入れて
プールに投げこむ
必ず友だちのいない所に投げる

エレメンタリーバックストロークで移動する

①～③

④～⑤

50 3つの平泳ぎ

対象年齢
高学年

ねらい

●3つの平泳ぎ（競泳の平泳ぎ・日本泳法の平泳ぎ・潜水泳法）で泳ぎ、それぞれの特徴を知る。

やり方・ルール

平泳ぎ（競泳）→35「平泳ぎ」参照

平泳ぎ（日本泳法）

※顔を水上に上げたまま平泳ぎを行う。

【声かけ】「トーン・スー・スー・パッ」平泳ぎと同じ

潜水泳法

【声かけ】「けってー・のびてー・かいてー・のびてー」

①プールの壁をけり、水中でけのびの姿勢をとる。

②両手をかいて胸でそろえ、足をおしりまで引きつけてから「けってー」で体を伸ばす。

③「のびてー」でけのびの姿勢をとる。

④「かいてー」で腕をかいて体側でそろえる。

⑤「のびてー」で体側に手をつけたまま体を伸ばす。

※②～⑤をくり返し、数回のサイクルで息つぎをする。

指導のPoint

☆競泳だけではなく他にも同じような平泳ぎがあることを、体験的に2つの泳ぎを泳ぐことから知る。

☆日本泳法の平泳ぎ→視界が確保できて泳げるが、けのびの姿勢を保つことが難しい。

☆潜水泳法→水の抵抗を受けずに最も速く泳ぐことができるが、息つぎが少ないために疲れる。無理して泳がせずに、苦しくなったら立たせるようにする。

※日本には古くから日本泳法（古式泳法）と呼ばれる水泳の体系がある。現在も12の流派が各地にあり、活動を続けている。

平泳ぎ(日本泳法)

トーン

スー

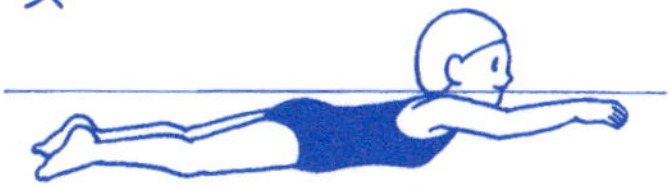

顔は上げたまま

スー

けのびの姿勢をとる

パッ

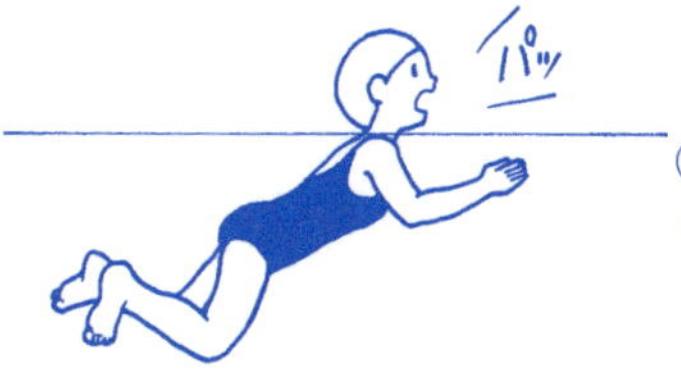

潜水泳法

関連→37水中ロケット

①

② けってー

③ のびてー

④ かいてー

⑤ のびてー

体側でそろえる

51 横泳ぎ・抜き手

対象年齢
高学年

ねらい

●けのび姿勢を十分確保して、横泳ぎや抜き手で泳ぐことができる。

やり方・ルール

横泳ぎ

【声かけ】「トーン・スー・スー・パッ」（平泳ぎと同じ）

①陸上での練習

合掌をして片足を上げた状態から始める。

②ビート板を使ったり、ペアに手を持ってもらっての練習。

体を横に向けて脚で水をはさむようにける。

（上側の足が足の裏で、下側の足が足の甲でける）

③横泳ぎ

抜き手

【声かけ】　「右かいて・パッ」「左かいて・パッ」

キック（カエル足）→トーン　トーン

①陸上での練習

両手を上げて座った状態から始める。

②抜き手

指導のPoint

☆どちらの泳ぎもリズムが速くならないように、けのびの姿勢を十分取ることが大切である。

☆夏休みなどに海や川などで泳ぐ機会があれば、流れのある所で体験させてみたい。

横泳ぎ

① 陸上での練習

合掌	右足を上げる	右足をけると同時に左手を伸ばし、右手は気をつけ	右足を曲げて再び合掌
リズム→　トーン	スー・スー	パッ	

③横泳ぎ

トーン　スー　スー　パッ

抜き手

①陸上での練習

しゃがんで両手を上げた状態から右手をかく	脚を伸ばす	しゃがんで左手をかいて右手を上げる	脚を伸ばす

②抜き手

リズム→「右かいて・パッ」（トーン）　「左かいて・パッ」（トーン）

52 流れをつくって泳いでみよう

対象年齢
高学年

（関連→4・49）

ねらい

●流れのある所では、視界が確保できると目的地にたどり着けることがわかる。

やり方・ルール

①Aグループ、Bグループに分かれる。
　A―流れをつくったり、流れる人（漂流物）の役目をする。
　B―流れをつくり、目標物に向かって泳ぐ。
②AB全員同じ方向に動いて流れをつくる。（洗たく機）
　流れができたら、
　A―笛の合図で大の字になって浮く。
　B―プールサイドに上がる。
③Bはプールサイドから、Aの人を避けながら反対側の目標物に向かって泳ぐ。
　●近代泳法で泳ぐ。
　●日本泳法（平泳ぎ・横泳ぎ・抜き手など）で泳ぐ。
④A、B交代して行う。

指導のPoint

☆日本泳法の利点は、顔を上げて泳ぐために視界が確保でき、周囲を見渡しながら泳げることである。目標物に向かって泳げたり、漂流物に見立てた人を避けながら泳げることを、実際に泳いで確かめる。
☆近代泳法と日本泳法とで比べてみる。
☆時間が経つと流れがなくなってくるので、Aグループが再び歩いて流れをつくる。流れをつくる時間と浮いている時間を設定する。

②洗たく機で流れをつくる

もっと走って〜
水の流れをつくる

③Bはプールを横切って日本泳法で泳ぐ

ピーッ
Bは浮いてー
1
2
3
4
目標物
（コーン）
たどり
ついた〜
あたるから
こっちへ泳ごう
しっかり見て
おかないと
流されるー
Bの人
Bの人
Bの人
スタート
私は抜き手が
泳ぎやすいわー
水の流れ
水の流れ
Bの人はコーンに向
かってまっすぐ泳ぐ

53 水泳の始まり

対象年齢
高学年

ねらい

●水泳が生活と関連して生まれてきたことがわかる。

【問題】人間はどうして泳ぐことを考えたのでしょうか？何の必要があって泳ぐようになったのか考えましょう。
※自分の体験などを通して自由に予想させる。

①漁労のため（生活のため）

漁労など、生活術としての水泳が起こり、日本の海女などもそれに当たる。

②戦争のため

紀元前9世紀のレリーフには動物の革を浮き袋にして泳ぐ兵士が描かれている。クロールに似た泳ぎも描かれている。戦争での海や川の移動のために水泳が欠かせなかったことがわかる。

紀元前9世紀、アッシリアの兵士が川を渡る様子がレリーフに描かれている。

エジプトの象形文字にもクロールらしき姿が描かれている。

③海や川を渡るため（交通手段）

川を渡ったり、海岸沿いに移動するために、革袋や板きれを用いた。オセアニアでは、その発展としてサーフィンが起こる。

④お風呂のため

11世紀になると、ヨーロッパの都市では湯屋（ゆや）と呼ばれるお風呂屋さんが流行した。15世紀頃には、貴族がお風呂に入ってパーティーを開くことが流行した。男女が裸で水浴や水泳を楽しむのは不健全だということでキリスト教の教会が禁止したり、悪い病気が流行したりすることもあり、湯屋が禁止されることもあった。

中世の沐浴パーティーの様子

⑤人命救助のため

おぼれた人を助けるための泳ぎが考えられた。

【設問】

今のどの泳ぎにつながるでしょう？（→54参照）

⑥速さを競うため

速さを競うためにさまざまな泳ぎが考えられた。現在競泳には、自由形、平泳ぎ、バタフライ、背泳ぎの4種目があるが、自由形はどんな泳法で泳いでもよいため、最も速い泳ぎ方であるクロールで泳がれている。

参考文献『最新スポーツ大事典』（日本体育協会監修　大修館書店）

54 近代泳法の成り立ち

対象年齢
高学年

ねらい

●速さ追求のために各泳法が生まれた近代泳法の成り立ちがわかる。

【問題】これは近代4泳法の発展の流れを表した図です。②の泳ぎから①③が生まれ、④だけは独自に発展してきました。さて、それぞれは今のどの泳ぎにあたるでしょうか？

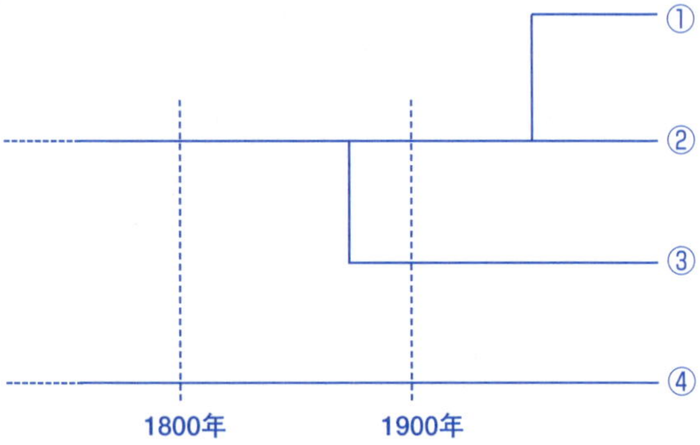

☆平泳ぎ（breaststroke）
breast＝胸

平泳ぎは前がよく見え呼吸が自由にできるという利点があるため、古くから泳がれてきた泳ぎである。昔はあおり足やカエル足で泳がれていたが、速さを競うようになると、平泳ぎにさまざまな改良が試みられクロールが生まれる。クロールが自由形で泳がれるようになったため、1903年に平泳ぎとして独立した。<**正解②**>

☆クロール（crawl stroke）crawl＝はう

平泳ぎで体に受ける水の抵抗を少なくするために、体を横向きにした泳ぎ（サイドストローク）が生まれる。

次に、水中での腕をもどす抵抗を軽減するために、水面上で腕をもどすことが考えられ（オーバアームサイドストローク）、やがてこの動作を両腕で行うようになりクロールの原型が生まれる。キックははさみ足のままだったが、バタ足が登場し、現在のクロールの成立へとつながる。<正解③>

☆バタフライ（buttrefly stroke）buttrefly＝蝶

平泳ぎでかいた腕を水上でぬき、前にもどす泳ぎが考えられ、バタフライ式平泳ぎが生まれる。しかし、

キックはカエル足だったため、長い距離を泳ぐには適していなかった。そこで、キックに改良が加えられ、ドルフィンキックが誕生する。一時期平泳ぎの種目の中で泳がれていたが、1953年に正式種目となり平泳ぎから独立した。<正解①>

☆背泳ぎ（backstroke）

背泳ぎは人命救助の泳ぎとして成立した経緯がある。18世紀中頃、イギリスの人命救助団体が溺れた人を助

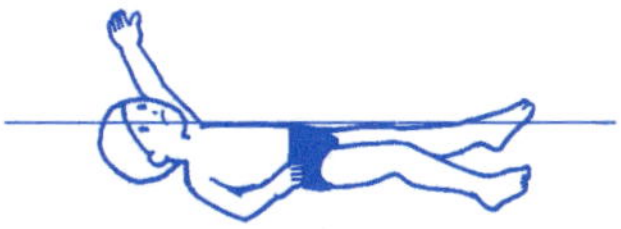

ける泳ぎとして背泳を用いた。この時期にエレメンタリーバックストローク（→46）も紹介されている。常に呼吸ができる利点から、ドーバー海峡横断など長い距離を泳ぐ泳ぎとしても用いられている。やがて、クロールを裏返して泳ぐ発想から、腕を交互にかき現在の背泳が誕生する。<正解④>

55 水泳インタビュー

対象年齢
高学年

ねらい

- 日本には古くから泳がれてきた日本泳法があることを祖父母へのインタビューから気づく。
- インタビューから、日本泳法と近代泳法の共通点や相違点を明らかにする。

やり方・ルール

①水泳について、祖父母・父母へインタビューする。

1　いつごろ泳げるようになりましたか？
2　どこで泳ぎましたか？
3　だれに泳ぎを教えてもらいましたか？
4　どんなことをしましたか？
5　どんな泳ぎ方で泳ぎましたか？
6　水泳の思い出があれば教えてください。

②インタビューしてきたことをまとめる。

- 祖父母と父母の聞き取りの違いをまとめる。

③まとめたことを発表する。

☆水泳インタビューのまとめ（例）

質問	祖父母へのインタビュー	父母へのインタビュー
1	小学校の低学年ぐらい	小学校の中学年ぐらい
2	川、池、海、疎開先の川	プール、臨海学校、海（海水浴）
3	友だち、父、母、祖父	学校の先生、父、母、スイミングの先生
4	潜水、貝取り、魚釣り、小舟からの飛びこみ	プールでバタ足、海水浴、すべり台
5	犬かき、抜き手、潜水、立ち泳ぎ、横泳ぎ、遠泳、クロール、背泳ぎ、平泳ぎ	バタ足、近代泳法
6	・川をせき止めて泳ぐ場所をみんなでつくった。 ・川に潜って石を拾った。 ・腰巻きやふんどしで泳いだ。	・泳げなかったので夏休みの水泳教室に行った。 ・能力別の水泳がいやだった。 ・水泳大会に出場した。 ・臨海学校に行った。

☆インタビューからわかること

・祖父母は、海や川など自然の中で日本泳法の指導を受けているのに対し、父母はプールで近代泳法の指導を受けている。

・泳ぎ方では、父母が近代泳法だけなのに対し、祖父母は日本泳法のさまざまな泳ぎを経験している。

・祖父母が子どもの頃には、戦争があって学校で教えてもらったことはなく、家の人に教わることが多い。

・全国にプールが設置されるのが1950年～70年頃であり、指導内容も日本泳法からバタ足を基礎泳法とした指導に変わってきている。

・父母の中には、臨海学校で遠泳を経験した人もいる。

編著者紹介

●

牧野《まきの》　満《みつる》

1960年生まれ

奈良県香芝市立下田小学校教諭

学校体育研究同志会会員

著書

『水遊び＆水泳　ワンダーランド』（執筆協力）

『体育・スポーツおもしろなぜなぜランド』（執筆協力）（以上、いかだ社）

『教室でする体育・小学校』（共著）

『みんなが輝く体育③小学校中学年体育の授業』（共著）（以上、創文企画）

雑誌『たのしい体育・スポーツ』（創文企画）

雑誌『体育科教育』（大修館書店）などに執筆

イラスト（あいうえお順）

いなみさなえ／岩崎美紀／上田泰子／遠田雪代

ブックデザイン●リトルこうちゃん＋渡辺美知子デザイン室

つまずき解消！
クイック水泳上達法

2009年6月1日　第1刷発行

編著者●牧野 満©

発行人●新沼光太郎

発行所●株式会社いかだ社

〒102-0072 東京都千代田区飯田橋2-4-10 加島ビル

TEL 03-3234-5365　FAX 03-3234-5308

振替・00130-2-572993

印刷・製本　株式会社ミツワ

乱丁・落丁の場合はお取り換えいたします。

ISBN978-4-87051-261-0